Die

Jugendgeschichte einer Arbeiterin

von ihr selbst erzählt.

Mit einführenden Worten

von

August Bebel.

1.—5. Tausend.

München 1909

Verlag von Ernst Reinhardt.

Die Jugendgeschichte einer Arbeiterin

von ihr selbst erzählt.

Ein Geleitwort!

Als der Pfarrer außer Dienst, unser jetziger Parteigenosse Goehre anfangs der 90er Jahre seine Schrift erscheinen ließ: „Drei Monate Fabrikarbeiter", in der er zeigt, was er in der Rolle eines Fabrikarbeiters während dreier Monate erlebte, machte eine der größten und konservativsten Zeitungen das Geständnis: Wir seien über die Lebensbedingungen der halbwilden afrikanischen Völkerschaften besser unterrichtet, als über die unserer eigenen untersten Volksschichten.

Dieser Satz könnte auch auf den Inhalt der vorliegenden Schrift Anwendung finden. Es ist für die höheren Schichten unserer Gesellschaft eine vollkommen neue Welt, die sich vor ihren Augen öffnet, aber eine Welt des Jammers, des Elends, der moralischen und geistigen Verkümmerung, daß man entsetzt sich fragt, wie ist solches in unserer auf ihr Christentum und ihre Zivilisation so stolzen Gesellschaft möglich? Die Verfasserin zeigt uns diese unterste Schicht, auf der unsere Gesellschaft aufgebaut ist, in der sie geboren wurde und ein halbes Menschenalter lebte. Wir sehen aber auch, wie sie trotz der traurigen Zustände in ihrer Umgebung vermochte, sich zu befreien und sich zur Vorkämpferin ihres

Geschlechtes emporzuarbeiten, als die sie heute, von allen, die sie kennen, geachtet und anerkannt wird.

Ich habe selten mit tieferer Bewegung eine Schrift gelesen als die unserer Genossin! Mit brennenden Farben schildert sie die Not des Lebens, die Entbehrungen und moralischen Mißhandlungen, denen sie als armes Proletarierkind ausgesetzt war und die sie als Proletarierin doppelt und bis auf die Hefe zu kosten bekam.

Ihre Kindheit bringt sie in einem Raum zu, der die Bezeichnung menschlich nicht verdient, sie besitzt einen Vater, der ein Trinker ist und für seine Familie kein Herz hat, sie hat eine Mutter, die zwar brav und fleißig ist, die den ganzen Tag sich abrackert und schuftet, um die Familie über Wasser zu halten, die aber aus Sorge für die Existenz der Familie und infolge mangelnder Erziehung, allen geistigen Interessen nicht nur gleichgültig sondern feindlich gegenübersteht und kein Verständnis für das Streben ihrer Tochter hat, sich aus der menschenunwürdigen Lage zu befreien, in die sie das Schicksal warf.

Und diese Befreiung gelang ihr aus eigener Kraft, durch eisernen Fleiß und unermüdliche Selbstausbildung. Die Lücke ihrer sehr mangelhaften Schulbildung füllt sie in überraschender Weise aus. Die Bande der Kirche, in die sie in der Kindheit geschlagen war, zerreißt sie und wird Freidenkerin, die von monarchischer Ehrfurcht Erfüllte wird Republikanerin und des Lebens harte Not und Erfahrungen machen sie zur begeisterten Sozialistin und zur Vorkämpferin für die Befreiung des gesamten Proletariats.

So wird ihr Leben auch ein Beispiel der Nachahmung für viele. Mit Recht sagt sie am Schlusse ihrer Lebensbeschreibung, daß Mut und Selbstvertrauen in erster Linie notwendig sind, um aus sich selbst etwas zu machen. Gar manche Geschlechtsgenossin könnte ähnliches leisten, wenn Eifer und Begeisterung für den die Menschheit befreienden Sozialismus sie erfüllte.

Eins habe ich an der Schrift auszusetzen: daß die Verfasserin in nicht gerechtfertigter Bescheidenheit ihren Namen verschweigt. Dieser wird zwar kein Geheimnis bleiben, aber ich hielt es für die Verbreitung der Schrift wirksamer, wenn sie, deren Namen Alle kennen, mit offenem Visier sagte: So war ich einst und so bin ich jetzt. Was ich getan, mußte ich tun, ihr anderen könnt ähnliches tun, ihr müßt nur wollen.

Mein Wunsch ist, diese Schrift möge in zehntausenden Exemplaren Verbreitung finden.

Schöneberg-Berlin, 22. Februar 1909.

A. Bebel.

Die meisten Menschen, wenn sie unter normalen Verhältnissen herangewachsen sind, denken in Zeiten schwerer Schicksalsschläge mit Dankbarkeit und Rührung an die schöne glückliche sorglose Jugendzeit zurück und seufzen wohl auch verlangend: Wenn es nur noch einmal so würde!

Ich stehe den Erinnerungen an meine Kindheit mit anderen Gefühlen gegenüber. Kein Lichtpunkt, kein Sonnenstrahl, nichts vom behaglichen Heim, wo mütterliche Liebe und Sorgfalt meine Kindheit geleitet hätte, ist mir bewußt. Trotzdem hatte ich eine gute, aufopferungsvolle Mutter, die sich keine Stunde Rast und Ruhe gönnte, immer getrieben von der Notwendigkeit und dem eigenen Willen, ihre Kinder redlich zu erziehen und sie vor dem Hunger zu schützen. Was ich von meiner Kindheit weiß, ist so düster und hart und so fest in mein Bewußtsein eingewurzelt, daß es mir nie entschwinden wird. Was anderen Kindern Entzücken bereitet und glückseligen Jubel auslöst, Puppen, Spielzeug, Märchen, Näschereien und Weihnachtsbaum, ich kannte das alles nicht, ich kannte nur die große Stube in der gearbeitet, geschlafen, gegessen und gezankt wurde. Ich erinnere mich an kein zärtliches Wort, an keine Liebkosung, sondern nur an die Angst, die ich in einer Ecke oder unter dem Bett verkrochen, ausstand, wenn es eine häusliche Szene gab, wenn mein Vater zu wenig Geld nach Hause brachte und die Mutter ihm Vorwürfe machte. Mein Vater war jähzornig, er schlug dann die Mutter, die oft nur halb angekleidet fliehen mußte um sich bei Nachbarn zu verbergen. Dann waren wir einige Tage allein mit dem grollenden Vater, dem man sich nicht nähern durfte. Zu essen gab es dann nicht viel, mitleidige Nachbarn halfen aus, bis die Mutter von der Sorge um ihre Kinder und den Hausstand getrieben, wieder kam.

Solche Szenen kehrten fast jeden Monat und auch früher wieder. Mein ganzes Herz hing an der Mutter; vor dem Vater hatte ich eine unbezwingliche Scheu und ich erinnere mich nicht ihn je angeredet zu haben, oder von ihm angesprochen worden zu sein. Es ärgerte ihn, daß ich, das einzige Mädchen unter fünf am Leben gebliebenen Kindern, dunkle Augen wie meine Mutter hatte.

Ein Weihnachtsabend ist mir noch immer in Erinnerung, ich war nicht ganz fünf Jahre alt. Beinahe hätte ich dieses eine Mal einen Weihnachtsbaum bekommen. Meine Mutter wollte ihrem jüngsten Kinde, das war ich, auch einmal zeigen was das Christkind ist. Wochenlang hatte sie immer einige Kreuzer zu erübrigen getrachtet um kleines Kochgeschirr für mich zu kaufen. Der Weihnachtsbaum war geschmückt mit bunten Papierketten, vergoldeten Nüssen und mit dem bescheidenen Spielzeug behängt. Mit dem Anzünden der Lichter wurde auf den Vater gewartet, der zum

Fabrikanten gegangen war um Ware abzuliefern. Er sollte Geld bringen. Es wurde 6 Uhr, dann 7 und endlich 8 Uhr, der Vater kam nicht. Wir waren alle hungrig und verlangten zu essen. Es gab Mohnkuchen, Äpfel und Nüsse. Wir aßen allein und ich mußte dann zu Bette gehen, ohne daß die Lichter auf dem Weihnachtsbaum gebrannt hätten. Die Mutter war zu mißgestimmt und zu sorgenvoll dazu. Ich lag schlaflos in meinem Bette; ich hatte mich so auf das Christkind gefreut und nun war es ausgeblieben. Endlich hörte ich den Vater kommen, er wurde nicht freundlich empfangen, es kam wieder zu einer heftigen Szene. Er hatte weniger Geld gebracht, als die Mutter erwartet hatte, dann war er unterwegs, er hatte fast zwei Stunden zu gehen gehabt, in das Gasthaus gegangen, um sich zu erwärmen und hatte mehr getrunken, als er vertragen konnte. Ich guckte bei dem Lärm, der sich nun erhob von meiner Schlafstelle nach den Eltern — und da sah ich wie der Vater mit einer Hacke den Weihnachtsbaum zerschlug. — — — Zu schreien wagte ich nicht, ich weinte nur, weinte bis ich einschlief.

In einem Anflug von Mitleid erhielt ich am andern Tag von meinem Vater einige Kreuzer, wofür ich mir Blechgeschirr kaufen durfte. Mitleidige Menschen schenkten mir dann auch eine Puppe und anderes Spielzeug, das für ihre Kinder schon durch schöneres, prächtiges ersetzt worden war.

Und noch an eine Bescherung kann ich mich erinnern. Als ich schon in die Schule ging, wurde von einem reichen Mann, der eine große Fabrik besaß in der viele hunderte Männer und Frauen arbeiteten, für die armen Schulkinder eine Weihnachtsbescherung veranstaltet. Auch ich gehörte zu den Glücklichen die mit Naschwerk und wollenen Kleidungsstücken beschenkt wurden. Die große, mächtige Tanne gab mehr Licht als ich je gesehen hatte und der Festschmaus der uns gegeben wurde, brachte uns alle in glückselige Stimmung. Wie dankbar war ich dem guten reichen Mann, der so ein mildtätiges Herz für die Armen hatte. Als später meine verwitwete Mutter in seiner Fabrik für drei Gulden Wochenlohn, täglich 12 Stunden arbeiten mußte, konnte ich noch nicht beurteilen, daß darin die Quelle für seine „Großmut" gelegen war.

Erst viel später kam ich zu dieser Erkenntnis.

* * *

Mein Vater wurde von einer bösartigen Krankheit ergriffen, die uns in schwere Bedrängnis brachte. Im Krankenhaus wollte er nicht bleiben und ohne ärztliche Hilfe konnte er nicht sein. Arzt und Medikamente verschlangen aber fast alles, was verdient wurde und unsere Verhältnisse gestalteten sich immer jammervoller. So oft ich mit einem Rezept in die Apotheke geschickt wurde, klagte meine Mutter, wie lange das noch dauern würde. Eines Tages war es so weit, daß der Geistliche geholt wurde, um dem Vater die Beichte abzunehmen und ihn mit den Sterbesakramenten zu versehen. Das war für mich ein großes Ereignis. Alle Hausbewohner knieten in unserem

Zimmer und wir mit ihnen. Weihrauch erfüllte die Luft und das Schluchzen meiner Mutter war zwischen den Gebeten hörbar. Wenige Stunden später starb mein Vater und nie hat es ihm die Mutter vergessen, daß er ohne ein versöhnendes Wort für sie und ohne eine Ermahnung an seine Kinder gestorben war.

Ich empfand keine Betrübnis, ja, als ich die von einer wohlhabenden Familie geliehenen Trauerkleider mit Hut und Schleier trug, empfand ich weit eher ein Gefühl der Genugtuung auch einmal so schön angezogen zu sein. Meine Mutter war jetzt die Ernährerin von fünf Kindern. Mein ältester Bruder war wohl schon achtzehn Jahre alt, aber er konnte uns keine Stütze sein, da er ein im Niedergange begriffenes Handwerk erlernt hatte. Er entschloß sich sein Glück in der Fremde zu suchen und schnürte sein Bündel. Zwei Brüder die bisher mit dem Vater zu Hause gearbeitet hatten, kamen in die Lehre, der jüngste zehnjährige ging in die Schule.

Meine Mutter hatte viel Willenskraft, angeborenen Verstand und war beseelt von dem Wunsche, zu zeigen, daß auch eine Mutter Kinder ernähren kann. Ihre Aufgabe war eine unendlich schwere, da sie außer häuslichen Arbeiten nichts gelernt hatte. Früh verwaist war sie mit sechs Jahren in den Dienst gekommen; sie hatte nie eine Schule besucht und konnte daher weder lesen noch schreiben. Sie war auch eine Feindin der „neumodischen Gesetze" wie sie die Schulpflicht nannte. Sie fand es ungerecht, daß andere Menschen den Eltern vorschrieben, was sie mit ihren Kindern zu tun haben. In diesem Punkte hatte mein Vater ihre Anschauung geteilt und meine Brüder hatten ihm schon mit zehn Jahren bei seiner Arbeit, der Weberei, helfen müssen. Drei Jahre Schule war nach Ansicht meiner Eltern genug und wer bis zum zehnten Jahre nichts lernt, lernt später auch nichts, war eine von ihnen oft getane Äußerung. Auch mein jüngster Bruder mußte jetzt aus der Schule austreten, doch hatten sich mittlerweile die Gesetze über die Schulpflicht schon mehr eingelebt und die Schulbehörde machte Schwierigkeiten. Mit vielen Gesuchen setzte es meine Mutter doch durch, daß er aus der Schule entlassen wurde und als Hilfsarbeiter in eine Fabrik gehen konnte.

Zwei Jahre vergingen, mein Bruder verdiente, meine Mutter rackerte vom grauenden Morgen bis in die sinkende Nacht. Ich mußte in den schulfreien Stunden den Haushalt versehen und lernte frühzeitig alle Hausarbeiten verrichten. Ich war stolz auf das Lob, das die Leute mir spendeten, wenn ich beim Waschfaß stand oder den Fußboden scheuerte oder Kartoffeln zubereitete. Ich strebte darnach eine Stütze meiner Mutter zu werden, die von allen hochgeachtet wurde. Ihr Fleiß, ihr stetes Bemühen sich mit ihren Kindern eine Existenz zu schaffen, fand überall Anerkennung. Es sollte aber recht schlecht kommen.

Eine allgemeine Arbeitslosigkeit griff um sich und auch meine Brüder und meine Mutter wurden davon betroffen. Um das Unglück vollzumachen stürzte mein jüngster Bruder, als er für seinen Arbeitsherrn einen Weg zu machen hatte, auf dem Glatteis so unglückselig, daß er einem jammervollen Siechtum verfiel. Ein Jahr lag er zu Hause am Krankenlager, dann mußte er in das Krankenhaus. Was war das für ein Jammer! Er trennte sich so schwer von unsrem dürftigen Heim, wo es ihm doch an richtiger Pflege mangelte. Fast zwei Jahre noch litt er, ehe er von seinen furchtbaren Schmerzen erlöst wurde. Ein ganzes Jahr hatte er im Wasserbette liegen müssen, um seine Schmerzen leichter ertragen zu können. Wiederholt mußten Operationen an ihm vorgenommen und Knochenteile entfernt werden. Wir konnten ihm so wenig geben und hatten nur den einen Trost, daß viele andere Menschen innigen Anteil an seinem Unglück nahmen und ihn reich beschenkten. Auch die Ärzte und Pflegerinnen waren gut und liebevoll zu dem geduldigen, heiteren Knaben, der mit schöner Stimme, trotz seines bejammernswerten Zustandes noch Lieder sang um die anderen zu erfreuen. Er war 15 Jahre als man ihn im Armensarg in einem Gratisgrab begrub. — — —

Die Arbeitslosigkeit hatte uns schwer getroffen, keiner von der Familie verdiente und auch die Hoffnung auf Schnee, um beim Wegräumen etwas zu verdienen, erfüllte sich nicht. Da fand sich für mich, die Achtjährige, Arbeit. Wenn ich aus der weitentfernten Dorfschule kam, mußte ich zu einem Heimarbeiter gehen und dort Knöpfe aufnähen. Bis neun Uhr abends blieb ich dort, später, als ich genügende

Geschicklichkeit hatte, durfte ich die Arbeit zu Hause machen. Es waren nur wenige Kreuzer die ich verdiente, sie waren für unsere ärmlichen Verhältnisse aber unentbehrlich. Von meiner Mutter wurde keine Arbeit, keine Mühe gescheut um zu verdienen, aber es waren mit dem kranken Bruder, der noch zu Hause war, fünf Menschen, die Hunger hatten. Da wurde nach jeder Einnahme gegriffen: als der Neujahrstag kam, mußte ich zu den reichen Leuten am Orte und in der Umgebung gehen, um dort einen Neujahrswunsch aufzusagen, wofür ich beschenkt wurde. Das taten auch andere Leute und oft kam es vor, daß ich zu einer Tür hineinging, wo eben ein anderes ebenso mißbrauchtes Kind herauskam. Von dem Erträgnis dieser Wanderung wurde die fällige Miete gezahlt.

So sind die Erinnerungen an meine Kinderjahre und ich habe wohl nicht zu viel gesagt mit den Worten: Kein Lichtpunkt, kein Sonnenstrahl ist mir aus jener Zeit bewußt.

* * *

Die Schule konnte ich nicht immer besuchen, ich mußte verdienen, und jeder Schultag, den ich versäumte, war ein reichlicher Arbeitstag. Schließlich wurde meine Mutter wegen meiner Schulversäumnisse zu 24 Stunden Arrest verurteilt. Eines Tages, es war am Charsamstag, erschienen zwei Gendarmen und holten sie zum Strafantritt, weil sie versäumt hatte, sich zum festgesetzten Termin freiwillig im Gefängnis einzufinden. Das vergaß meine Mutter nie, daß man ihr, der arbeitsamen Frau und sorgenden Mutter diese Schande antat. Und wie schämte ich mich! Ich wagte mich nicht auf die Straße, da von nichts anderem gesprochen wurde, als von der Fortführung meiner Mutter durch die Gendarmen. Aber alle verurteilten diese brutale Maßregel, da alle die Ursache der Verurteilung kannten. Der Schullehrer hatte meiner Mutter oft Vorstellungen gemacht, mich pünktlicher in die Schule zu schicken. Man nannte mich begabt und versicherte, es könne aus mir „etwas werden", wenn ich regelmäßigen Unterricht erhalten würde. Man ließ auch meinen Vormund kommen, der aber war der Meinung, arme Kinder sollen arbeiten lernen und auf Gott vertrauen, dann werde es ihnen nicht schlecht gehen. Ich mußte mich jeden Sonntag mit dem Gebetbuch in der Hand bei ihm einfinden und erhielt immer wieder Lehren zur Frömmigkeit und Demut. Das bißchen Vermögen, das die Leute hatten, stellten sie mir in Aussicht, wenn ich mich so entwickeln würde, wie sie es verlangten. Da ich mich aber anders entwickelte, bekam das Geld schließlich der Herr Pfarrer, der ohnedies schon als sehr reich eingeschätzt wurde. Gewissensbisse hat er sich wohl nicht daraus gemacht.

* * *

Als ich zehn Jahre alt war, ich hatte eben die dritte Volksschulklasse beendet, übersiedelten wir in die Stadt. In der Schule wurde ich gar nicht mehr gemeldet und die Behörde schien von meinem Dasein keine Kenntnis zu haben, denn nie wurde mein Fernbleiben vom Schulbesuch beanstandet. Das hatte allerdings auch seinen Grund. Da meine Mutter nicht schreiben konnte, mußte ich die Meldezettel für die Polizei ausfüllen. Ich hätte mich selbstverständlich in die Rubrik: Kinder einzutragen gehabt, da ich mich aber für kein Kind mehr hielt, so ließ ich diese Rubrik unausgefüllt und blieb polizeilich unangemeldet. Andere Leute beachteten diese Unterlassung auch nicht.

„Du bist schon ein großes Mädel und mußt nun ordentlich verdienen," sagte mir meine Mutter. Wie gerne hätte ich viel gelernt, Lehrerin zu werden, war mein Ideal, doch wäre es nahezu phantastisch gewesen, davon auch nur zu reden, das sah ich schließlich mit meinen zehn Jahren selbst ein.

Wir zogen zu einem alten Ehepaare in eine kleine Kammer, wo in einem Bett das Ehepaar, im andern meine Mutter und ich, schliefen. Ich wurde in eine Werkstätte gegeben, wo ich Tücher häkeln lernte; bei zwölfstündiger fleißiger Arbeit verdiente ich 20 bis 25 Kreuzer im Tage. Wenn ich noch Arbeit für die Nacht nach Hause mitnahm, so wurden es einige Kreuzer mehr. Wenn ich frühmorgens um 6 Uhr in die Arbeit laufen mußte, dann schliefen andere Kinder meines Alters noch. Und wenn ich um 8 Uhr abends nach Hause eilte, dann gingen die anderen genährt und gepflegt zu Bette. Während ich gebückt bei meiner Arbeit saß und Masche an Masche reihte, spielten sie, gingen spazieren oder sie saßen in der Schule. Damals nahm ich mein Los als etwas selbstverständliches hin, nur ein heißer Wunsch überkam mich immer wieder: mich nur einmal ausschlafen zu können. Schlafen wollt ich bis ich selbst erwachte, das stellte ich mir als das Herrlichste und Schönste vor. Wenn ich dann manchmal das Glück hatte schlafen zu können, dann war es erst kein Glück, dann war Arbeitslosigkeit oder Krankheit die Veranlassung. Wie oft an kalten Wintertagen, wenn ich abends die Finger schon so erstarrt hatte, daß ich die Nadel nicht mehr führen konnte, ging ich zu Bett mit dem Bewußtsein, daß ich morgens um so früher aufstehen müsse. Da gab mir die Mutter nachdem sie mich geweckt, einen Stuhl in das Bett, damit ich die Füße warm halten konnte und ich häkelte weiter, wo ich abends aufgehört hatte. In späteren Jahren überkam mich oft ein Gefühl grenzenloser Erbitterung, daß ich gar nichts, so gar nichts von Kinderfreuden und Jugendglück genossen hatte. —

Das alte Ehepaar, bei dem wir wohnten, war sehr zweifelhaften Charakters. Die Frau lebte davon, daß sie jungen Mädchen und Frauen aus den Karten ihre Zukunft prophezeite. Auch mich ließ sie in meine Zukunft blicken, die sie mir aus den Karten mit den schönsten Farben malte. Natürlich spielte der Mann die Hauptrolle und ebenso natürlich ein reicher Mann. Diese Frau hätte für mich verhängnisvoll werden können. Sie sagte mir, dem zehneinhalbjährigen Kinde viele Schmeicheleien, schmückte mich mit Seidenbändern und gab mir Näschereien. Alles das könnte ich immer haben, versicherte sie, nur dürfe meine Mutter nichts davon wissen. Sie eiferte mich zu vielen Dingen an, die ich nicht zu tun wagte, weil sie mir ungehörig schienen.

Zum Glück war meine Mutter mißtrauisch und wir mieteten ein Kabinett, das wir für uns allein hatten. Auch mein jüngerer Bruder kam wieder zu uns und brachte einen Kollegen mit, mit dem er das Bett teilte. So waren wir vier Personen in einem kleinen Raum, der nicht einmal ein Fenster hatte, sondern das Licht nur durch die Fensterscheiben erhielt, die sich in der Tür befanden. Als einmal ein bekanntes Dienstmädchen stellenlos wurde, kam sie auch zu uns, sie schlief bei meiner Mutter im Bett und ich mußte zu ihren Füßen liegen und meine eigenen Füße auf einen angeschobenen Stuhl lehnen.

Ein Jahr blieb ich Schafwollhäklerin und lernte eine ganze Anzahl Werkstätten kennen; denn wenn wir hörten, anderswo werde auch nur um einen Kreuzer für das Tuch mehr bezahlt, so mußte ich dorthin gehen. So kam ich immer in eine andere Umgebung und unter andere Menschen und konnte mich an keinem Ort recht eingewöhnen. Dadurch erhielt ich Einblick in viele Familienverhältnisse. Der Ertrag der Ausbeutung so vieler junger Mädchen war überall die Grundlage der Existenz. Ich arbeitete wiederholt bei Beamtensgattinnen oder bei Angestellten kaufmännischer Berufe, wo die standesgemäße Lebensweise, nach außen nur möglich war, durch die Ausnützung unserer Arbeitskraft. Ich war überall die Jüngste von allen, und um nicht mit Rücksicht auf meine Jugend noch schlechter bezahlt zu werden, gab ich ein höheres Alter an, was ich ganz gut konnte, da ich über mein Alter groß war und weil mich mein ernstes Wesen auch älter erscheinen ließ. Zudem mußte ich als älter gelten, damit nicht jemand verraten konnte, daß ich eigentlich die Schule besuchen sollte.

Ich war im zwölften Jahr, als meine Mutter für mich eine Lehre entdeckte. Ich sollte nun einen Beruf erlernen, von dem noch angenommen wurde, daß ein besserer Verdienst bei Fleiß und Geschicklichkeit zu erzielen sei. Natürlich konnte ich wieder, meines schulpflichtigen Alters wegen, nur zu einer Zwischenmeisterin in die Lehre kommen. Es war eine Verwandte, bei der ich nun, wieder zwölf Stunden im Tage lernte, aus Perlen und Seidenschnüren Aufputz für Damenkonfektion herzustellen. Ich erhielt keinen fixen Lohn; meine Verwandte berechnete bei jedem neuen Artikel, wieviel man in einer Stunde machen könnte und bezahlte dann die Stunde mit fünf Kreuzern. Hatte man größere Übung erlangt und dadurch die Möglichkeit mehr zu verdienen, so reduzierte sie den Lohn. Unaufhörlich, ohne sich auch nur eine Minute Ruhe zu gönnen, mußte man arbeiten. Daß dies von einem Kinde in meinem Alter schließlich nicht zu erwarten war und auch von keinem anderen zu leisten ist, weiß jeder, der selbst beurteilen kann, was zwölf Stunden Arbeit, oder anhaltende Arbeit überhaupt bedeutet. Mit welchem Verlangen sah ich immer nach der Uhr, wenn mich die zerstochenen Finger schon schmerzten und wenn ich mich am ganzen Körper ermüdet fühlte. Und wenn ich dann endlich nach Hause ging, an schönen warmen Sommertagen oder im bitterkalten Winter, immer mußte ich, wenn viel zu tun war, noch Arbeit für die Nacht nach Hause nehmen. Darunter litt ich am meisten, weil es mich um die einzige Freude brachte die ich hatte.

Ich las gerne. Ich las wahllos, was ich in die Hände bekommen konnte, was mir Bekannte liehen, die auch nicht zwischen Passendem und Unpassendem unterschieden und was ich im Antiquariat der Vorstadt für eine Leihgebühr von zwei Kreuzer, die ich mir vom Munde absparte, erhalten konnte. Indianergeschichten, Kolportageromane, Familienblätter, alles schleppte ich nach Hause. Neben Räuberromanen, die mich besonders fesselten, interessierte ich mich lebhaft für die Geschicke unglücklicher Königinnen. Neben „Rinaldo Rinaldini" (der mein besonderer Liebling war), die „Katarina Kornaro", neben „Rosa Sandor" die „Isabella von Spanien", „Eugenie von Frankreich", „Maria Stuart" und andere. „Die weiße Frau in der Hofburg" zu Wien, alle Kaiser Josef-Romane, „Die Heldin von Wörth", „Kaisersohn und Baderstochter" vermittelten mir geschichtliche Kenntnisse. Ihnen reihten sich die Jesuitenromane an und in weiterer Folge die 100bändigen Romane vom armen Mädchen, das nach Überwindung vieler und grauenerregender Hindernisse zur Gräfin oder mindestens zur Fabrikantens- oder Kaufherrnsgattin gemacht wurde. Ich lebte wie in einem Taumel. Heft um Heft verschlang ich; ich war der Wirklichkeit entrückt und identifizierte mich mit den Heldinnen meiner Bücher. Ich wiederholte in Gedanken alle Worte, die sie sprachen, fühlte mit ihnen die Schrecken wenn sie eingemauert, scheintot begraben, vergiftet, erdolcht oder gefoltert wurden. Ich war mit meinen Gedanken immer in einer ganz andern Welt und sah nichts von dem Elend um mich her, noch empfand ich mein eigenes Elend. Da meine Mutter nicht lesen konnte, stand meine Lektüre unter keiner Kontrolle. So las ich mit 13 Jahren Paul de Kock, aber so harmlos ließen mich die frivolen französischen Erzählungen, daß ich bis in die kleinsten Details den Inhalt wieder erzählte und nicht begriff, warum mein Bruder und sein Kollege lachten, wo ich nichts Erheiterndes gefunden hatte. Eine Stelle habe ich noch immer im Gedächtnis. Ein Marquis hatte ein Mädchen in ein Gebüsch geführt, und da stand dann ungefähr: „Als sie wieder heraus traten, ging das Mädchen bleich und mit schwankenden Knien weiter. Einen letzten Blick warf sie nach dem Ort zurück wo sie ihre Unschuld verloren hatte." Was lachten da die zwei jungen Menschen, ohne daß ich eine Erklärung dafür fand.

Erzählen mußte ich sehr viel, ich erzählte sehr genau und wußte die Dialoge fast wörtlich, als hätte ich alles auswendig gelernt. Ich erlangte als Erzählerin fast „Berühmtheit". Am Sonntag Abend mußte ich oft zu meiner Meisterin kommen und dort erzählen; im Hause wo ich wohnte wurde ich von Familien eingeladen um zu erzählen und meine Mutter und mein Bruder bereiteten mir wirkliche Qual mit ihrer Lust mich erzählen zu hören. Wenn alles im Bette lag, mußte ich erzählen, die anderen schliefen schliesslich ein, ich aber wurde des Schlafes beraubt und lag dann in erregtem Zustand wach im Bette, in dem ich mich nicht rühren durfte, weil ich 'ja sonst die Mutter gestört hätte. Zudem hätte ich die Zeit doch lieber angewandt um zu lesen, wenn ich schon nicht arbeiten mußte.

An Sonntagen, wenn ich vormittags in unsrem bescheidenen Hauswesen geholfen hatte, las ich ununterbrochen bis es dunkel war. Im Sommer ging ich mit meiner Lektüre auf den Friedhof, wo ich unter einer Trauerweide ruhend stundenlang weilte, ohne auf etwas anderes zu achten, als auf mein Buch. Wie haßte ich die Sonntagsarbeit, die manchmal notwendig war. Einen solchen Tag betrachtete ich als einen verlorenen und das bessere Abendbrot und das Gläschen Wein oder Bier, das ich als Entschädigung erhielt, betrachtete ich nicht als solche. —

Zwei Jahre blieb ich in der Lehre und lernte in dieser Zeit alle Kränkung kennen, deren Härte und Herzlosigkeit besonders schmerzlich wirkt, wenn sie von Verwandten kommt. Man benützte mich als eine Art Aschenputtel. Ich mußte an Samstagen die großen Reinigungsarbeiten machen und noch heute fühle ich die Empörung so wie damals, wenn ich daran denke, was man mir alles zumutete und wie man mich behandelte. Von dem ziemlich weit entfernten öffentlichen Brunnen mußte ich in einem schweren Holzgefäß das Wasser bringen. Die Wasserleitung im Hause hatte man damals noch nicht und ich ließ mir nicht träumen, daß es einmal eine solche Annehmlichkeit geben könnte. Oft erbarmten sich fremde Menschen meiner und halfen mir tragen. Meine Verwandten nahmen den Standpunkt ein, ich müßte mich an alles gewöhnen, „denn eine gnädige Frau wirst du ja doch nicht werden," sagte man mir.

Wie haßte ich diese Menschen und wie haßte ich erst die beiden Kinder, die an mir alle Bosheiten ausließen, deren sie fähig waren. Sie spotteten über meine Armut, machten sich lustig weil ich im Sommer barfuß gehen mußte, was mich ja selbst bitter kränkte. Da ich aber nur einige Schritte zu gehen hatte, hielt meine Mutter das Schuhetragen am Wochentag bei einem so jungen Geschöpf für Verschwendung. Da der Beruf, den ich erlernte, sehr von der Saison abhängig war, so gab es zweimal im Jahre einige Wochen, wo wenig und vorübergehend auch gar nichts zu tun war. Meine Mutter bemühte sich, mich während dieser Pausen anderwärts unterzubringen; ich selbst mußte nach Arbeit suchen gehen. Da las ich dann alle Schilder ab und wo ich schließen konnte, daß Mädchen verwendet werden, ging ich hinein. Das war das schwerste. Diese stereotype Frage: „Bitt schön, ich möchte Arbeit." Auch dieses demütigende Gefühl, empfinde ich noch heute mit aller Lebendigkeit, wie ich es damals bei meiner ängstlichen und doch erwartungsvollen Bitte nach Arbeit empfand. Oft mußte ich erst die gewaltsam aufsteigenden Tränen trocknen, ehe ich sprechen konnte.

Einmal, ich war etwas über 13 Jahre alt und sah fast erwachsen aus, kam ich auf meiner Suche nach

2

Arbeit in das Komptoir eines Bronzewarenfabrikanten. Ein kleiner alter Herr, es war der Chef selbst fragte mich nach meinem Alter, Namen und Familienverhältnissen und bestellte mich für den nächsten Montag. Ich erhielt einen Platz inmitten von zwölf jungen Mädchen und war endlich wieder in einem warm geheizten Raum. Ich wurde unterwiesen, wie man Kettenglieder aneinander reiht und eignete mir bald Geschicklichkeit an. Der Chef nahm sich meiner wohlwollend an, ich war auch hier die jüngste Arbeiterin, verdiente aber bald mehr, als ich beimeiner Verwandten bekommen hatte. Die Lehre wurde nun ganz aufgegeben, da sich der neue Beruf als erträgnisreicher herausstellte. Zehn Monate arbeitete ich ununterbrochen in der Bronzefabrik. Ich erhielt nun, für meine Begriffe, schöne Kleider, durfte mir hübsche Schuhe kaufen und auch sonst manches, was für ein gefälliges Äußere in Betracht kommt.

Mein Chef begünstigte mich sehr und zog mich allen andern Mädchen vor. Er sprach in wahrhaft väterlicher Weise und bestärkte mich in meinem Entschluß, all den Vergnügungen, die meine Kolleginnen erfreuten, fernzubleiben. Die Mädchen gingen am Sonntag tanzen, wovon sie dann erzählten. In den Pausen unterhielten sie sich mit den jungen Arbeitern und obwohl ich den Sinn ihrer Gespräche nicht verstand, hatte ich doch die Empfindung, daß man so nicht reden dürfe. Ich wurde oft verspottet, weil ich mich so isolierte, da ich aber immer bereit war Geschichten zu erzählen, so war man mir nicht weiter gram.

Nach einigen Monaten wurde mir eine andere Arbeit zugewiesen, die besser bezahlt wurde. Sie war aber anstrengender. Ich mußte bei einem mit Gas betriebenen Blasebalg löten, was mir nicht gut zu tun schien. Meine Wangen wurden immer bleicher, eine große unbezwingliche Müdigkeit bemächtigte sich meiner, ich bekam Schwindelanfälle und mußte oft plötzlich eine Stütze suchen.

Ein anderes Ereignis brachte mich damals in große Unruhe. Ich habe schon erwähnt, daß wir nicht allein wohnten, sondern einen Kameraden meines Bruders bei uns hatten. Dieser ein häßlicher, blatternarbiger, wortkarger Mensch hatte angefangen, mir Aufmerksamkeiten zu erweisen. Er brachte mir kleine harmlose Geschenke, wie Obst und Bäckereien. Auch verschaffte er mir Bücher. Weder mir noch der Mutter fiel das auf. War ich doch erst vierzehn Jahre alt. Einmal, an einem Feiertag, kam der Bettgeher abends allein nach Hause und wir gingen schlafen, ohne daß mein Bruder da war. Ich lag neben der Mutter an die Wand gedrückt. Ich schlief wohl noch nicht fest genug, denn plötzlich erwachte ich mit einem Schreckensschrei. Ich hatte über mir einen heißen Atem gespürt, konnte aber in der Finsternis nicht sehen was es sei. Mein Schrei hatte die Mutter geweckt, die sofort Licht machte und die Situation erkannte. Der Bettgeher hatte sich von seinem Bette, dessen Fußende an unser Kopfteil stieß, erhoben und über mich gebeugt. Ich zitterte vor Schreck und Angst am ganzen Körper und ohne recht zu wissen, was der Mensch vorhatte, hatte ich den Instinkt, daß es etwas Unrechtes sei. Meine Mutter machte ihm Vorwürfe, auf die er fast nichts erwiderte. Als mein Bruder kam, den wir nun wachend erwarteten, gab es noch eine aufregende Szene und dem Schlafkollegen wurde gekündigt. Was ich erwartet und gewünscht hatte geschah nicht. Er wurde nicht sofort weggeschickt, sondern durfte bis Ende der Woche bleiben, um Zeit zu haben eine andere Schlafstelle zu suchen und um nicht so mit Schande fort zu müssen. Unter dieser mir unbegreiflichen Rücksicht für diesen Menschen hatte ich furchtbar zu leiden. Ich fürchtete mich einzuschlafen und wenn ich endlich doch schlief, quälten mich die schrecklichsten Träume. Angstvoll schlang ich die Arme um meine Mutter, um mich zu bergen. Man schalt mich überspannt, schob die Schuld auf die Romane die ich las und verbot mir, noch weiter zu lesen.

Einige Wochen nach diesem mich erschütternden Vorfall wurde ich von einer schweren Ohnmacht befallen. Als ich durch ärztliche Bemühung das Bewußtsein erlangt hatte, quälten mich Angstvorstellungen. Der Arzt fand den Fall sehr schwer, er schloß auf eine Nervenerkrankung und auf der Klinik, wohin mich die Mutter führte, forschte man nach der Lebensweise meines Vaters und Großvaters und schien den übermäßigen Alkoholgenuß meines Vaters für mitbeteiligt an meiner Erkrankung zu halten. Mich fand man im höchsten Grade unterernährt und blutleer und riet mir viel Bewegung in frischer Luft zu machen und mich gut zu ernähren. Das waren die Heilungsmittel, die der berühmte Kliniker empfahl. Wie sollte ich seine Anordnungen befolgen? — — — —

Alles was ich bisher an Entbehrung, Arbeit und Kränkung durchgemacht hatte, wurde durch die folgenden Zeiten weit übertroffen. In die Bronzefabrik sollte ich nicht mehr zurück, diese Beschäftigung sei Gift für mich, hatten die Ärzte erklärt. Nun sollte ich wieder Arbeit suchen, nachdem meine Gesundheit gebessert schien. Ich lebte aber in beständiger Furcht. Ich fürchtete mich einen Schritt allein vor die Türe zu machen, immer und immer hatte ich das Gefühl, wieder bewußtlos zu werden. Sterben zu können war mein sehnsüchtigster Wunsch. Ich mußte aber Arbeit suchen gehen. Wenn ich Arbeit fand und einen halben Tag gearbeitet hatte, kam die Angst über mich. Die Mittagszeit brachte ich jetzt in einem Parke zu, ich sollte ja viel in guter Luft sein; dort nahm ich auch meine Mahlzeit ein, Obst und Brot oder ein Stück Wurst — die „gute Nahrung", die mir die Ärzte empfohlen hatten. Sie war jetzt spärlicher als früher, da ich ja einige Wochen nichts verdient hatte und der im ersten Schrecken geholte Arzt und die Apotheke bezahlt werden mußten. Die Krankenversicherungspflicht war damals noch nicht eingeführt.

In der Bronzefabrik hatte ich nicht bleiben dürfen, weil die Arbeit meine Gesundheit untergrub, jetzt aber arbeitete ich in einer Metalldruckerei, wo ich eine Presse zu bedienen hatte und wo ich als zuletzt gekommene Arbeiterin das Brennmaterial vom

Keller heraufschleppen mußte, immer von der Angst gepeinigt, beim Gehen über die schlechte Stiege von einer Ohnmacht befallen zu werden. Ich blieb nur einige Tage dort und war nicht zu bewegen noch hinzugehen. Ich fand dann Arbeit in einer Patronenfabrik. Als ich die dritte Woche dort war und mittags auf der Straße ging, wurde ich von Passanten gestützt, als ich zu wanken begann und wieder ohnmächtig wurde. Als die Ohnmacht vorüber war führte man mich nach Hause zum Entsetzen meiner Mutter. Ich bat sie, mich in das Krankenhaus zu bringen, davon hoffte ich Genesung, wenn sie überhaupt möglich war.

Drei Wochen brachte ich im Krankensaal zu und — so paradox es klingen mag, es war die beste Zeit die ich bisher gehabt hatte. Alle waren gut gegen mich; die Ärzte, die Pflegerinnen, die Patienten. Ich bekam regelmäßig gute Nahrung, hatte allein ein Bett und immer reine Wäsche. Ich machte mich überall nützlich, verfertigte Handarbeiten und erhielt vom Arzt Bücher. Damals lernte ich Friedrich Schiller kennen und Alfons Daudet. Die dramatischen Gedichte Schillers und von den Dramen: „Die Braut von Messina" begeisterten mich am meisten. Auch „Fromont junior und Risler senior" von Daudet machte großen Eindruck auf mich. Vier Wochen befand ich mich im besten Wohlsein unter Aufsicht der Ärzte. Dann wurde ich geheilt entlassen.

Nicht ein einzigesmal war mir im Spital etwas zugestoßen. Immer hatte ich mich wohl befunden.

Nun sollte ich wieder Arbeit suchen. Aber auch die Angst kam wieder, als ich wieder allein in den Straßen herumirren mußte. Ich konnte keine Arbeit finden. Ich lief am frühen Morgen schon von zuhause fort, um als Erste bei den Toren zu sein, aber immer vergebens.

Meine Mutter, die seit meinem Kranksein ungemein zärtlich gegen mich geworden war und mich oft ihr armes unglückliches Kind nannte und meine Liebkosungen, die sie früher immer abgewiesen hatte, gerührt hinnahm, wurde unwillig, weil ich solange nichts verdiente. Sie mußte sich ja soviel plagen. Tag für Tag, ohne Rast ohne Ruh arbeitete sie. Sie arbeitete in einer Weberei, von den giftigen Farben der Wolle hatte sie Wunden an den Fingern bekommen, am Arm entstanden schmerzende eitrige Geschwüre, sie aber überwand jeden Schmerz und verrichtete ihr mühevolles schlecht bezahltes Tagewerk. Und sie war keine junge Frau mehr. Im Alter von 47 Jahren hatte sie mich als fünfzehntes Kind geboren, sie war also schon 61 Jahre und hatte in ihrem ganzen Leben noch keinen Ruhetag gehabt. Wenn sie keine Arbeit hatte, ging sie hausieren, um unsern Lebensunterhalt zu verdienen; mit Ehrgeiz war sie bestrebt, weder die Miete noch irgend etwas anderes schuldig zu bleiben. Das war ein besonderer Charakterzug an ihr, von niemandem abhängig sein zu wollen. Und nun hatte sie ein großes Mädel, das ihr eine Stütze sein sollte und dieses Mädel verdiente nichts. Sie machte mir schwere Vorwürfe und schalt mich;

weil sie selber immer verstanden hatte zu verdienen, sollte auch ich es können.

Ich fand ja verschiedene Arbeit. In einer Kartonagefabrik, bei einem Schuhfabrikanten, bei einer Fransenknüpferin, in einer Werkstätte wo auf türkische Shawls grüne Farben aufgetragen wurden und noch bei vielen anderen Berufen versuchte ich es. Für eine Arbeit fand man nach einigen Stunden entweder mich nicht geschickt genug oder ich hörte mittlerweile von einer anderen besseren Arbeit und versuchte es dort.

Drei Wochen waren so vergangen, als sich die Schwindelanfälle wieder einstellten, denen eine schwere Ohnmacht folgte. Ich ging wieder ins Krankenhaus, ich war so schwach und erschöpft, daß ich in den Straßen, durch welche wir gingen, allgemeines Aufsehen erregte. Oft mußten wir in ein Haus eintreten, damit ich mich auf den Stiegenstufen erholen konnte. Ich kam fiebernd in das Krankenhaus; die erste Mahlzeit, die ich erhielt, erbrach ich, doch nach einigen Tagen war alles wieder gut. Ich hatte wieder gute Nahrung und Annehmlichkeiten, die ich sonst nicht gekannt hatte.

Da geschah etwas, dessen ganze Furchtbarkeit ich erst in späteren Jahren beurteilen lernte. Eines Tages wurde mir mitgeteilt, daß für mich keine Aussicht mehr sei, gesund und dauernd arbeitsfähig zu werden, daher müsse ich in eine andere Anstalt gebracht werden.

Ich mußte mich anziehen, in den Spitalwagen steigen und befand mich nach einigen Minuten in der Aufnahmskanzlei des Armenhauses. Ich war genau vierzehn Jahre und vier Monate alt. Mir war die Tragweite dieser Sache nicht bewußt, ich weinte nur, weinte unaufhörlich über die Umgebung, in die ich nun gekommen war. In einem großen Saal, wo Bett an Bett sich reihte und meist alte gebrechliche Frauen waren, wurde auch mir Bett und Schrank angewiesen. Die alten Frauen husteten und hatten Erstickungsanfälle, manche waren sehr aufgeregt und redeten so sonderbar und wunderlich. Bei Nacht konnte ich nicht schlafen, weil ich mich wieder schrecklich fürchtete; die alten Frauen waren auch unruhig und blieben nicht immer in ihrem Bett. Auch das Essen war lange nicht so gut wie im Krankenhause; dann hatte ich nichts zu tun, keine Handarbeit, kein Buch, niemand kümmerte sich um mich. In dem großen Garten suchte ich die einsamsten Wege auf, um weinen zu können. Am fünften Tage wurde ich in die Verwaltungskanzlei beschieden, wo ich gefragt wurde, ob ich denn niemand habe, der für mich sorgen würde, denn hier könnte ich nicht bleiben, wenn mich niemand übernehmen würde, müßte ich in meine Heimatsgemeinde gebracht werden. — — —

Ich kannte meine „Heimatsgemeinde" nicht, ich war nie dort gewesen und verstand auch die Sprache nicht, die dort gesprochen wurde. Mir war ganz entsetzlich zu Mute und der Wunsch, doch sterben zu können, kam wieder über mich. Ich stammelte, daß ich ja doch eine Mutter habe, die arbeite und daß ich selber seit meinem zehnten Jahre immer gearbeitet habe. Ich erhielt eine Karte, auf der ich schreiben mußte, meine Mutter möge mich schleunigst holen, da ich sonst nach Böhmen gebracht würde. Am nächsten Tag ging ich mit meiner armen Mutter, der nichts Schweres erspart geblieben war, nach Hause.

In späteren Jahren habe ich mich oft gefragt, was wohl aus mir geworden wäre, wenn man mich in meine Heimatsgemeinde gebracht hätte. Ich begann auch über das Verbrecherische der bureaukratischen Schablone nachzudenken, die mich, ein Kind, ein von frühester Kindheit an durch Arbeit und Hunger um alle Kinderfreuden gebrachtes Geschöpf in ein Haus für Greise und Sieche steckte und die mich, wenn nicht wenigstens ein denkender Beamter dagewesen wäre, einem ungewissen, aber sicher für viele Jahre fürchterlichem Schicksale überliefert hätte. Erbitterung faßte mich in späteren Jahren oft, wenn ich mir alles vergegenwärtigte und mir sagte, daß es nur einem winzigen Zufall zuzuschreiben war, daß ich, die dann wieder ein gesundes arbeitstüchtiges Mädchen war und später eine gesunde Frau, nicht hinausgestoßen wurde in eine Umgebung, die mich auf alle Fälle mindestens als lästige Fremde behandelt hätte.

Hätte mich nicht der Beamte auf meinen Spaziergängen im Garten gesehen und einmal angesprochen, da ihm meine Jugend auffiel, so wäre mir wohl viel Schweres nicht erspart geblieben. Nun war ich wieder daheim und sollte jetzt das W e i ß n ä h e n erlernen.

* * *

Es wurde eine einmonatliche Lehrzeit vereinbart, und gestützt auf die Hoffnung, mir damit eine bessere

Zukunft zu ermöglichen, zahlte meine Mutter gerne das geforderte Lehrgeld. Ich kam wieder zu einer Zwischenmeisterin, die eine Anzahl Mädchen beschäftigte. Der Herr Gemahl arbeitete nichts, er brachte die meiste Zeit im Kaffeehaus zu und ließ sich von seiner Frau den Unterhalt verdienen. Die Frau nützte die Mädchen unglaublich aus. Ich sollte in vier Wochen das Weißnähen erlernen, was tat ich aber statt dessen? Meine Mutter hatte, um mich für den besseren Beruf gehörig auszustatten, Opfer gebracht, die für ihre Verhältnisse ganz ungeheuere waren. Sie hatte dafür gesorgt, daß ich mich gefällig anziehen konnte, hatte das Lehrgeld im voraus erlegt und ernährte mich durch vier Wochen. Und ich? Ich wurde als Kindermädchen verwendet, ich spürte meine Arme nicht mehr, soviel mußte ich das kleine Kind der Lehrfrau herumtragen. Ich mußte stundenlang spazieren gehen, damit die anderen durch das Kindergeschrei nicht behelligt würden. Ich mußte einkaufen gehen, Geschirr waschen und noch sonst allerlei machen, was mit dem Beruf den ich erlernen sollte, nichts zu tun hatte. Erst zu Beginn der vierten Woche, fing ich an, Knopflöcher auszunähen, Säumchen zu legen, Volants zu ziehen und endlich durfte ich mich an die Maschine setzen, um auf Papier die ersten Nähte zu versuchen. Das treten brachte ich ja zusammen und das war nun meine Kunst, damit sollte ich jetzt meinen Lebensunterhalt erwerben und meiner Mutter vergelten, was sie für mich getan hatte.

Die gute Lehrfrau hatte aber nicht die Absicht,

mich bei ihr arbeiten zu lassen, um mir wenigstens jetzt noch beizubringen, was sie mich zuerst nicht gelehrt hatte. Ganz im Gegenteil war es ihr darum zu tun, wieder ein anderes Mädchen für ihr Kind verwenden zu können und dafür noch Geld zu erhalten. Mit der Angabe, sie habe keine Arbeit und könne mich nicht beschäftigen, wurde ich weggeschickt. Meine Mutter wollte sich das nicht gefallen lassen, sie verlangte ihr Geld zurück oder Nachholen der Lehrzeit. Aber schließlich war jede Stunde, die sie auf diese Unterhandlungen verwendete, Arbeitsverlust und damit auch Geldverlust. So mußte ich nun auf die Suche gehen, um als „Weißnäherin" Beschäftigung zu finden. Arbeit hätte ich wirklich gefunden, aber beim ersten Stück, das ich in die Hand bekam, sah man, daß ich nichts konnte und damit war es zu Ende. Ich mußte nun wieder Arbeit nehmen, wo ich welche bekam.

Da nichts von Dauer war, redete die Mutter wieder mit der Verwandten und ich begann wieder dort zu arbeiten. Es war aber ein besonders schlechtes Jahr, da sich die Damenmode in anderer Richtung entwickelte. Die tote Saison, die sonst erst knapp vor Weihnachten begann, fing diesmal schon im November an. Zuerst wurde nur um einige Stunden im Tage weniger gearbeitet, vier Wochen vor Weihnachten stockte aber alle Arbeit. Nun war ich wieder zu Hause und ich war doch schon ein Mädchen von fast 15 Jahren. Tag um Tag begann jetzt wieder meine Wanderung. Es traf uns diesmal besonders hart, da wir noch ein

Glied der Familie ohne Arbeit hatten. Während mein jüngerer Bruder zur Abdienung seiner Militärdienstzeit einberufen worden war, war der ältere Bruder aus der Kaserne zurückgekehrt. Er war fast entblößt vom Notwendigsten, war ohne einen Kreuzer Geld, hatte aber dafür große Eßlust. Und es war so schwer, Arbeit zu finden, obwohl er bereit war, jeden Beruf zu ergreifen. Vorübergehend wurde er beschäftigt, aber er fand nichts Dauerndes. Und er sollte uns eine Stütze sein! Wie hatten wir uns gefreut auf seine Heimkehr. Da lag er nun, der gesunde kräftige Mensch, nachdem er drei Jahre Kaiser und Vaterland gedient hatte und mußte sich von einer alten Mutter und einer Schwester, die noch halb Kind war, mit schmalen Bissen ernähren lassen. Damals dachte ich darüber freilich nicht nach, war ich doch stolz darauf, daß meine Brüder fähig waren, dem Kaiser zu dienen, um im Kriegsfall das Vaterland verteidigen zu helfen.

In dieser schweren Zeit wurde alles unternommen, wozu meiner Mutter geraten wurde. Ich mußte Bittgesuche schreiben, an den Kaiser, an Erzherzoge, die im Rufe besonderer Wohltätigkeit standen, und auch an andere reiche „Wohltäter". Da, wie ich erwähnte, meine Mutter nicht lesen und schreiben konnte, mußte ich die Bittgesuche schreiben, und ich tat es auf meine Weise. Ich erzählte einfach was war. Ich begann nach der üblichen Titulatur: „Da meine Mutter nicht schreiben kann und es uns so schlecht geht". „Vom Kaiser" erhielten wir fünf Gulden, von einem Erzherzog und von einem reichen Wohltäter, dessen Sekretär zu uns nachsehen kam, ebensoviel. Das meiste davon ging auf, um meinem Bruder die notwendigsten Kleidungsstücke zu kaufen. Wovon aber leben? Vier Gulden verdiente jetzt die Mutter, davon sollten drei ernährt werden.

Um jeden Preis mußte ich Arbeit finden; die jetzt folgenden Ereignisse werde ich nie vergessen und es gab seither kein Jahr, in dem ich mich nicht an das Weihnachtsfest von damals erinnert hätte.

* * *

Es war ein kalter strenger Winter und in unsrer Kammer konnten Wind und Schnee ungehindert hinein. Wenn wir Morgens die Tür öffneten, so mußten wir erst das angefrorene Eis zerhacken, um hinaus zu können, denn der Eintritt in die Kammer war direkt vom Hofe und wir hatten nur eine einfache Glastür. Die Mutter ging um halb 6 Uhr von Hause fort, da sie um 6 Uhr zu arbeiten begann. — Ich ging eine Stunde später Arbeit suchen. „Bitt' schön um Arbeit", mußte wieder unzählige Male gesagt werden. Fast den ganzen Tag war ich auf der Straße. Heizen konnten wir daheim nicht, das wäre Verschwendung gewesen, so trieb ich mich auf der Straße, in den Kirchen und am Friedhof herum. Ein Stück Brot und ein paar Kreuzer, um mir Mittag etwas kaufen zu können, bekam ich mit. Das Weinen mußte ich immer gewaltsam zurückdrängen, wenn meine Bitte um Arbeit abgewiesen wurde und ich aus dem warmen Raum wieder hinaus mußte. Wie gerne hätte ich alle Arbeit getan, um nur nicht so frieren zu müssen. Im Schnee wurden meine Kleider feucht und meine Glieder erstarrten, wenn ich stundenlang herum ging. Dazu wurde meine Mutter immer unwilliger, der Bruder hatte Arbeit gefunden, Schnee war gefallen, da wurde er beschäftigt, freilich für so geringe Bezahlung, daß er sich kaum selbst ernähren konnte. Nur ich hatte noch keine Arbeit.

Selbst in den Zuckerwarenfabriken, von denen ich angenommen hatte, daß sie um die Weihnachtszeit viel Arbeitskräfte brauchen würden, erhielt ich keine Beschäftigung. Heute weiß ich, daß fast die ganze Weihnachtsarbeit einige Wochen vor den Feiertagen getan ist; daß wochenlang vorher die Arbeiterinnen Tag und Nacht arbeiten müssen und daß sie knapp vor den Feiertagen ohne Rücksicht entlassen werden. Damals hatte ich noch keine Ahnung von der Art, wie sich der Produktionsprozeß abwickelt. Wie fromm und gläubig betete ich in der Kirche um Arbeit. Ich suchte besonders berühmte Heilige auf. Ich ging von Altar zu Altar, kniete auf den kalten Steinfliesen nieder und betete zur „Maria der Jungfrau“ zur „Gottesmutter“, zur „Himmelskönigin“ und zu vielen anderen Heiligen, welchen man besondere Macht und Barmherzigkeit nachrühmte.

Ich gab meine Hoffnung nicht auf und entschloß mich eines Tages die paar Kreuzer, die ich für mein Mittagessen hatte, in den Opferstock für den „heiligen Vater“ zu werfen. An demselben Tag fand ich eine Börse mit zwölf Gulden. Ich konnte mich vor Glück kaum fassen und dankte allen Heiligen für diese Gnade. Daß vielleicht ein anderer armer Teufel durch den

Verlust der Börse zur Verzweiflung gebracht wurde, kam mir nicht in den Sinn. Zwölf Gulden war für mich ein so hoher Betrag, daß ich gar nicht auf den Gedanken kam, ein armer Mensch könnte ihn verloren haben. Von einer Verpflichtung, Funde an die Polizei abzuliefern, wußte ich nichts. Ich sah nur die gnadenspendende Hand meiner Heiligen in der am Wege liegenden Börse. An diesem Abend fiel ich meiner Mutter aufjauchzend um den Hals, ich konnte vor Jubel nicht reden und nur die Worte: Zwölf Gulden, zwölf Gulden brachte ich hervor.

Nun war eitel Freude in unsere Kammer eingekehrt, und wie um das Glück voll zu machen, wurde ich am nächsten Tage aufgefordert, mich in einer Glas- und Schmierglpapierfabrik einzufinden, wo ich einige Tage vorher nach Arbeit gefragt hatte und wo man mich in Vormerkung genommen hatte.

* * *

Meine neue Arbeitsstätte war im dritten Stockwerk eines Hauses gelegen, in dem sich lauter industrielle Unternehmungen befanden. So hatte ich das Leben und Treiben eines Fabrikgebäudes noch nicht kennen gelernt, ich hatte mich aber auch noch nie so unbehaglich gefühlt. Alles mißfiel mir. Die schmutzige klebrige Arbeit, der unangenehme Glasstaub, die vielen Menschen, der ordinäre Ton, und die ganze Art, wie sich die Mädchen und auch die verheirateten Frauen benahmen.

Die Fabrikantin, die gnädige Frau, wie sie genannt wurde, war die eigentliche Leiterin der Fabrik und sie redete ganz so, wie die Mädchen. Sie war eine schöne Frau, aber sie trank Branntwein, dann schnupfte sie und mit den Arbeitern machte sie unziemliche, rohe Spässe. Wenn der Fabrikant, der sehr leidend war, einmal selber kam, dann gab es immer eine heftige Szene.

Für ihn schwärmte ich. Er schien mir so gut und edel zu sein, dann schloß ich aus dem Benehmen und dem ganzen Wesen der gnädigen Frau, daß er unglücklich sein müsse. Auf seine Anordnung erhielt ich eine andere weit angenehmere Arbeit. Bishin hatte ich das mit Leim bestrichene und mit Glas bestreute Papier auf den Stricken, die im Saal ziemlich hoch gespannt waren, aufhängen müssen. Diese Arbeit ermüdete mich sehr und der Fabrikant mußte wohl gemerkt haben, daß diese Arbeit für mich nicht geeignet war, denn er bestimmte, daß ich von nun an das zur Verarbeitung bestimmte Papier abzuzählen habe. Diese Arbeit war reinlich und gefiel mir viel besser. Allerdings, wenn nichts zu zählen war, mußte ich auch wieder alle anderen Arbeiten machen.

Die Fabrik war ziemlich weit von meinem Wohnort entfernt und ich konnte mittags nicht nach Hause gehen. Da blieb ich mit den anderen Arbeiterinnen im Arbeitssaale; wir holten uns aus dem Gasthause Suppen oder Gemüse, für den Nachmittag hatten wir Kaffee mit. Ich setzte mich immer abseits und las in einem Buche. „Der Raubritter und sein Kind", hatte ich damals in Arbeit, es waren 100 Hefte. Die anderen lachten über mich und spotteten über die „Unschuld“, da ich bei ihren Gesprächen verlegen wurde.

Sehr oft wurde von einem Herrn Berger gesprochen, der Reisender der Firma war und jetzt zurückerwartet wurde. Alle Arbeiterinnen schwärmten für ihn, so daß ich neugierig war, den Herrn zu sehen. Ich war zwei Wochen dort, als er kam. Alles war in Bewegung und man sprach nur vom Aussehen des bewunderten Reisenden. Mit der gnädigen Frau kam er in den Saal, in dem ich arbeitete. Er gefiel mir gar nicht. Am Nachmittag wurde ich in das Komptoir gerufen; Herr Berger schickte mich um etwas und machte dabei eine alberne Bemerkung über meine „schönen Hände“. Als ich zurückkam, war es schon dunkel und ich mußte einen leeren Vorraum passieren, der nicht erleuchtet war und sich daher im Halbdunkel befand, da er nur Licht durch die Glastür erhielt, die in den Arbeitssaal führte. Herr Berger befand sich in dem Raum als ich kam. Er nahm mich bei den Händen und frug mich teilnehmend nach meinen Verhältnissen. Ich antwortete ihm wahrheitsgetreu und erzählte von unserer Armut. Er sprach einige mitleidige Worte, lobte mich und versprach, sich für mich zu verwenden, damit ich mehr Lohn bekomme. Begreiflicherweise war ich hochbeglückt, über diese Aussicht, die sich mir eröffnete, hatte ich doch nur zwei Gulden und fünfzig Kreuzer Wochenlohn, wofür ich täglich zwölf Stunden arbeiten mußte. Ich stammelte einige Dankesworte und versicherte, daß ich mich seiner Fürsprache würdig erweisen werde. Ehe ich noch recht wußte, wie es geschah, hatte mich Herr Berger geküßt. Mein Erschrecken versuchte er mit den Worten zu dämpfen: „Es war ja nur ein väterlicher Kuß.“ Er war sechsundzwanzig Jahre alt und ich fast fünfzehn.

Außer mir eilte ich an meine Arbeit. Ich wußte nicht, wie ich das Vorgefallene zu deuten hatte, den Kuß hielt ich für etwas mich beschimpfendes, aber Herr Berger hatte so mitleidig gesprochen, und mir mehr Lohn in Aussicht gestellt! Zuhause erzählte ich zwar von dem Versprechen, den Kuß verschwieg ich aber, da ich mich vor meinem Bruder schämte.

Am nächsten Tag wurde ich von einer Kollegin, einem jungen blonden Mädchen, das mir am sympatischesten von allen war, mit Vorwürfen überhäuft. Sie warf mir vor, ich hätte sie bei dem Reisenden verdrängt, wenn bisher etwas für ihn zu tun oder etwas zu holen war, habe sie das getan; er habe sie geliebt, beteuerte sie unter Tränen und Schluchzen und nun sei durch mich alles zu Ende. Auch die anderen Arbeiterinnen stimmten dem zu; sie nannten mich eine Heuchlerin und die gnädige Frau selber fragte mich, wie mir die Küsse des „schönen Reisenden“ geschmeckt haben. Durch die Glastür war der Vorgang vom Abend vorher beobachtet worden und wurde nun in dieser für mich kränkenden Weise gedeutet.

Ich war gegen die Sticheleien und Spottreden wehrlos und sehnte die Stunde herbei, wo ich nach Hause gehen konnte. Es war Samstag und als ich meinen Lohn in Empfang genommen hatte, ging ich mit der Absicht, am Montag nicht mehr zurückzukehren.

Meine Mutter und mein Bruder wollten das nicht zugeben. Es war sonderbar. Meine Mutter, die immer so bedacht war, mich zu einem anständigen Mädchen zu erziehen, die mir immer Lehren und Ermahnungen gab, mit Männern nicht zu reden, „nur mit dem, der der Mann würde, dürfe man vertraulich reden,“ schärfte sie mir ein, aber in diesem Falle war sie gegen mich. Mutter und Bruder nannten mich überspannt. Ein Kuß sei nichts schlechtes und wenn ich noch dazu mehr Lohn bekommen würde, so wäre es leichtsinnig, die Stelle aufzugeben. Schließlich wurden wieder meine Bücher für meine „Überspanntheit“ verantwortlich gemacht und so böse wurde meine Mutter über meine „Starrköpfigkeit“, daß alle die geliehenen Herrlichkeiten, „Das Buch für Alle“, „Über Land und Meer“, „Chronik der Zeit“ — denn „so weit“ war ich schon in der Literatur — zur Tür hinaus geworfen wurden. Ich suchte dann wohl wieder alles zusammen, aber an dem Abend wagte ich nicht zu lesen, obwohl ich sonst an einem Samstag länger lesen durfte.

Das war ein trauriger Sonntag! Ich war in gedrücktester Stimmung und wurde noch obendrein den ganzen Tag gescholten.

Am Montag weckte mich die Mutter wie gewöhnlich und schärfte mir, als sie in ihre Arbeit ging, ein, keine Dummheiten zu machen, sondern daran zu denken, daß in einigen Tagen Weihnacht sei. Ich ging fort, ich wollte mich überwinden und doch hingehen, bis zum Tore der Fabrik kam ich, dann kehrte ich um. Ich hatte so eine namenlose Angst vor unbekannten Gefahren, daß ich lieber hungern wollte, als Schande ertragen. Denn als Schande erschien mir alles, was vorgefallen war, der Kuß und die Vorwürfe der Kolleginnen. Zudem war mir erzählt worden, daß eine der Arbeiterinnen immer in besonderer Gunst bei dem Reisenden stand, und zwar wechsele das; wenn eine Neue komme, die ihm besser gefalle, dann trete diese an die Stelle der vorhergehenden. Nach allen Äußerungen war ich dazu ausersehen diese Stelle nunmehr einzunehmen. — Davor fürchtete ich mich sehr. Ich hatte in den Büchern soviel von Verführung und gefallener Tugend gelesen, daß ich mir die schrecklichsten Vorstellungen machte. Ich ging also nicht hin.

Was aber beginnen? Zuerst suchte ich wieder Arbeit; ich hätte alles unternommen, was sich geboten hätte, aber drei Tage vor Weihnachten nimmt man keine neuen Arbeitskräfte. Ich irrte in den Straßen umher, und als es Abend wurde, ging ich zur gewöhnlichen Stunde nach Hause. Ich hatte nicht den Mut einzugestehen, daß ich nicht in der Fabrik war. Die beiden folgenden Tage machte ich es ebenso. Alle Bemühungen Arbeit zu finden, waren erfolglos. Namenlose Verzweiflung bemächtigte sich meiner, dann hoffte ich wieder, daß irgend ein Zufall mir helfen würde. Es handelte sich ja um kaum zwei Gulden, da es keine ganze Arbeitswoche war.

Ich hatte soviel von der Allmacht Gottes gelesen, von der Hilfe zur rechten Zeit, von der belohnten Tugend und ähnlichen Dingen, daß ich mir einredete auch für mich werde es Hilfe geben. Darum kniete ich vor dem Altar im heißen Gebet, dann ging ich wieder suchenden Blickes auf die Straße; ich konnte ja wieder eine Börse finden und mehr Geld nach Hause bringen, als erwartet wurde. Wo die Frauen dichtgedrängt bei den Fischständen standen, um für den Abend einzukaufen, ging ich hin. Obwohl ich nicht wußte, wie Fische schmeckten, kam mir in meiner Verzweiflung kein Verlangen darnach. Nur Geld wollte ich haben. Tolle Gedanken, vor deren Ausführung ich aber zurückschreckte, durchschwirrten meinen Kopf. Es kam der Nachmittag. Die Leute eilten mit ihren Paketen heimwärts, um ihren Lieben glückliche Stunden zu bereiten. Es war schon überall Feierabend und auch ich wurde schon daheim erwartet. Wo sollte ich aber Geld hernehmen?

Da kam mir noch ein Gedanke. Ich hatte eine Tante, die bei einer Gräfin bedienstet war; diese Tante war für uns der Inbegriff aller Vornehmheit, ihre Stelle bei der gräflichen Dame verschaffte ihr diesen Nimbus. Die „Stadttante", das hatte für uns immer etwas Feierliches und wenn sie uns manchmal besuchte, so erwiesen wir ihr höchste Ehrerbietung. Sie galt als sehr fromm, und die Ordenskirche in die sie immer ging, erhielt von ihr viele Spenden. Von ihr erhoffte ich jetzt Hilfe. Ich traf sie nicht zu Hause, sie war in der Kirche. Ich suchte sie dort, sie war schon fort. Ich kniete nieder beim Altar und betete unter Weinen und Schluchzen, Gott und die Heiligen mögen das Herz meiner Tante für mich günstig stimmen. Wenn ich jetzt bedenke: Kaum zwei Gulden hätte ich gebraucht und all mein Kummer und meine Herzensnot wären vorüber gewesen! Damals wußte ich noch nicht, wieviel Geld unnütz verschwendet wird, wie viele Menschen im Überflusse leben, während andere sich in Dürftigkeit verzehren. Zu jener Zeit kannte ich diese Unterschiede noch nicht oder ich dachte über ihre Ungerechtigkeit nicht nach. Ich hielt alles für eine unabänderliche Einrichtung, die von Gott so verfügt war.

Diese Stunden und das ganze Leid meiner Kindheit und Jugendzeit habe ich nie vergessen. Und noch immer, trotz der vielen Jahre die seither verflossen sind, kann ich an weinenden Kindern nicht vorübergehen ohne sie um die Ursache ihrer Tränen zu fragen. Immer erinnere ich mich in solchen Fällen an meine eigenen Tränen und wie ich nach Mitleid gelechzt habe. Noch als Arbeiterin habe ich manchen Stundenlohn an fremde weinende Kinder verschenkt, die mir auf der Straße ihre Not erzählt haben.— —

Ich habe kein Mitleid gefunden. Meine fromme Tante, die ich endlich doch angetroffen habe, bewirtete mich zwar mit Kaffe und Kuchen, als ich aber endlich wagte, meine Bitte auszusprechen, blieb sie hart und unerbittlich. Sie ermahnte mich, jetzt bestimmt nach Hause zu gehen, es sei ja Weihnachtsabend, da werde man mich schon erwarten. Ich bat und weinte, es rührte sie nicht, mit frommen Sprüchen versagte sie mir jede Hilfe; jeder Mensch müsse in Demut tragen, was er sich selbst auferlegt habe, war ihr letztes Wort. So stand ich wieder auf der Straße. Es waren nur mehr wenig Leute zu sehen, die Fenster aber erstrahlten im hellen Lichterglanz und manche geputzte Tanne konnte ich sehen.

Auf keinen Fall wollte ich nach Hause gehen. Was sollte ich denn sagen? Alles gestehen? Jetzt erschien mir mein Gebahren der letzten Tage als großes Unrecht, unmöglich konnte ich das eingestehen. Dann stellte ich mir das Entsetzen meiner Mutter vor, meiner armen, geplagten Mutter, die mit jedem Kreuzer rechnen mußte und die auf mich so große Hoffnungen setzte. Konnte ich ihr jetzt soviel Schmerz und Enttäuschung bereiten? Meine Reue und meine Angst wurden immer größer. Hätte ich mich doch überwunden und wäre ich in der Fabrik geblieben, sagte ich mir. Jetzt kam mir selber alles wie Übertreibung vor, meine Angst vor dem Reisenden, meine Scham vor den Arbeiterinnen und die Besorgnis um meine Anständigkeit. Nunmehr fühlte ich nur, wie schön es wäre, wenn ich mit meinem Arbeitslohn nach Hause gehen könnte. Ich schlug den Weg zum Flusse ein und hatte die Vorstellung, daß ins Wasser springen leichter sein müsse, als mit meiner Schuld heim zu gehen.

Als ich durch eine der vornehmsten Straßen eilte, dem neuen Ziele, dem Wasser zu, wobei mir ununterbrochen die Tränen flossen und Schluchzen meinen

Körper erschütterte, wurde ich von einem eleganten Herrn angesprochen. Er fragte mich, wohin ich so spät noch gehe und warum ich weine. Das mußte die Rettung sein; das war sicher Gottes Fügung! Alle Hoffnung kam wieder über mich und ich erzählte meinen Kummer. Zwei Gulden müßte ich haben sonst könne ich nicht nach Hause gehen. Wie lieb und gut sprach der Herr. Zehn Gulden wollte er mir geben nur müsse ich mit ihm gehen, da er kein Geld bei sich habe. Ich wußte nicht, was mich behütete, aber trotz meiner Not ging ich nicht mit in seine Wohnung. Bei dem Hause, in das er mich führen wollte, angelangt, bat ich warten zu dürfen, bis er mit dem Gelde komme. Als er mir zuredete und mich mit sanfter Gewalt hinein zu ziehen versuchte, riß ich mich los und lief davon. Es war eine so namenlose Furcht über mich gekommen, die Blicke, mit welchen der Herr mich ansah, hatten mich so erschreckt, daß ich, ohne mich zu besinnen, davonstürzte, in der Richtung nach meiner Wohnung. Dort traf ich meinen Bruder, der mich schon lange Zeit suchte und soeben in die Fabrik gehen wollte, um nach mir zu fragen.

Soll ich noch erzählen, wie dieser Weihnachtsabend weiter verlief? Wie weder Mutter noch Bruder in meinem Inneren lesen konnten, wie sie meine Beweggründe nicht verstehen und mir auch nicht verzeihen konnten? Sie nannten mich schlecht und faul. Mich faul! In einem Alter, wo andere Kinder mit der Puppe spielen und in der Schulbank sitzen, wo sie gehütet und gehegt werden, um keinen Stein unter ihre Füße zu bekommen, in diesem Alter mußte ich schon hinaus, um das harte Joch der Arbeit zu schleppen. In einem Alter, wo andere noch die ganze Seligkeit der Kindheit durchkosten, hatte ich schon das kindliche Lachen verlernt und war erfüllt und durchdrungen von dem Gefühl, daß arbeiten, das mir bestimmte Los sei.

Die Last dieser Kindheit ist viele Jahre auf meinem Gemüt gelegen und hat mich zu einem frühernsten, dem Frohsinn abgewandten Geschöpfe gemacht. Viel mußte kommen, etwas Großes mußte in mein Leben treten, um mir überwinden zu helfen.

* * *

Ich fand wieder Arbeit, ich ergriff alles, was sich bot, um meinen Willen zur Arbeit zu zeigen und habe noch manches durchgemacht. Endlich aber wurde es doch besser. Ich wurde in eine Korkfabrik empfohlen, die im besten Rufe stand. 300 Arbeiterinnen und etwa 50 Arbeiter waren beschäftigt. Ich kam in einen großen Saal, in dem 60 Frauen und Mädchen arbeiteten. An den Fenstern standen 12 Tische und bei jedem saßen 4 Mädchen. Wir hatten die Ware, die erzeugt wurde, zu sortieren, andere Arbeiterinnen mußten sie zählen und eine dritte Kategorie hatte den Stempel der Firma aufzubrennen. Wir arbeiteten von sieben Uhr früh bis sieben Uhr abends. Zu Mittag hatten wir eine Stunde Pause, am Nachmittag eine halbe Stunde. Obwohl in der Woche, in der ich zu arbeiten begann, ein Feiertag war, an dem nicht gearbeitet wurde, erhielt ich den vollen Arbeitslohn, der Anfängerinnen gezahlt wurde. Das waren vier Gulden. So gut war ich noch nie bezahlt worden. Außerdem wurde mir in Aussicht gestellt, daß ich bei guter Verwendbarkeit nach einigen Monaten fünfzig Kreuzer Zulage bekommen werde. Ich erhielt sie schon nach sechs Wochen und nach einem halben Jahre hatte ich schon fünf Gulden Wochenlohn; später bekam ich sechs Gulden.

Ich kam mir fast reich vor. Ich rechnete wieviel ich mir im Laufe einiger Jahre ersparen würde und baute Luftschlösser. Da ich an außerordentliche Entbehrungen gewöhnt war, hätte ich es für Verschwendung gehalten, jetzt mehr für die Ernährung auszugeben. Wenn ich nur keinen Hunger spürte, aus was die Nahrung bestand kam für mich nicht in Betracht. Nur schön anziehen wollte ich mich. Wenn ich am Sonntag in die Kirche ging, sollte niemand in mir die Fabrikarbeiterin erkennen. Denn meiner Arbeit schämte ich mich. Das arbeiten in einer Fabrik war mir immer als etwas Erniedrigendes erschienen. Als ich noch Lehrmädchen bei meiner Verwandten war, hatte ich immer reden gehört, die Fabrikmädchen seien schlecht, liederlich und verdorben. In den kränkendsten Worten wurde von ihnen gesprochen und ich hatte mir diese irrige Meinung auch angeeignet. Jetzt ging ich selber in eine Fabrik, wo soviele Mädchen waren.

Die Arbeiterinnen waren freundlich mit mir, sie unterwiesen mich in meiner Arbeit in liebenswürdigster

Weise und führten mich in die Gebräuche des Betriebes ein. Die Mädchen des Sortiersaales galten als die Elite des Personals. Der Fabrikant selbst wählte sie aus, während die Aufnahme für den Maschinensaal den Werkführern überlassen blieb. In den anderen Räumen waren Frauen und Männer zusammen, in meinem Saal war ausschließlich weibliches Personal. Männer wurden nur als Hilfskräfte verwendet, wenn die schweren Ballen mit sortierter, gezählter und gebrannter Ware in den Hofraum expediert wurden. Mittag konnten wir unser Essen in der Fabrik einnehmen. Bei schönem Wetter saßen oder lehnten wir auf den Warenballen in dem mit Glas gedeckten Hofraum. Im Winter durften wir in den Maschinensaal gehen. Im Sortiersaal wo es viel bequemer gewesen wäre, durften wir nicht bleiben, weil die Waren den Geruch von unseren „Speisen" angenommen hätten.

Die in der Nähe der Fabrik wohnenden Arbeiterinnen gingen nach Hause und diese hatten es am besten, da sie warmes und besseres Essen bekamen. Einige Wochen ging ich zu Bekannten essen. Das war eine wahre Qual. Ich hatte 25 Minuten rasch zu gehen, dann verschlang ich eiligst das heiße Essen und eilte wieder an meine Arbeit, bei der ich immer atemlos und wie gehetzt anlangte. Das hielt ich nicht lange aus und ich blieb lieber wieder in der Fabrik.

Wie traurig und entbehrungsreich das Los der Arbeiterinnen ist, kann man an den Frauen dieser

Fabrik ermessen. Hier waren die anerkannt besten Arbeitsbedingungen. In keiner der benachbarten Fabriken wurde so viel Lohn gezahlt, man wurde allgemein beneidet. Die Eltern priesen sich glücklich, wenn sie ihre der Schule entwachsenen 14jährigen Töchter dort unterbringen konnten. Jede war bestrebt, sich vollste Zufriedenheit zu erwerben, um nicht entlassen zu werden. Ja, verheiratete Arbeiterinnen bemühten sich, ihre Männer, die jahrelang einen Beruf erlernt hatten, in dieser Fabrik als Hilfsarbeiter unterzubringen, weil dann die Existenz gesicherter war. Und selbst hier, in diesem „Paradies“ ernährten sich alle schlecht. Wer in der Fabrik über die Mittagsstunde blieb, kaufte sich um einige Kreuzer Wurst, oder Abfälle in einer Käsehandlung. Manchmal aß man Butterbrot und billiges Obst. Einige tranken auch ein Glas Bier und tunkten Brot ein. Wenn uns vor diesem Menu schon ekelte, dann holten wir uns aus dem Gasthaus zu essen. Für fünf Kreuzer entweder Suppe oder Gemüse. Die Zubereitung war selten gut, der Geruch des verwendeten Fettes abscheulich, wir empfanden oft solchen Ekel, daß wir das Essen ausgossen und lieber trockenes Brot aßen und uns mit dem Gedanken an den Kaffee trösteten, den wir für den Nachmittag mitgebracht hatten.

Oft passierte der Fabrikherr den Hofraum, wenn wir dort unser Mittagessen einnahmen. Manchmal blieb er stehen und fragte, was es „Gutes“ gebe. War er besonders gut gelaunt oder war die Arbeiterin, die er anredete hübsch und verstand sie zu klagen, dann schenkte er ihr Geld, damit sie sich etwas besseres kaufen könne. Das empörte mich immer. Wenn er mich fragte, sagte ich immer, das Essen sei gut.

Wir versuchten es auch in eine Auskocherei zu gehen. Da erhielt man für acht Kreuzer Suppe und Gemüse. Für weitere acht Kreuzer kauften sich manchmal zwei zusammen ein Stück gekochtes Fleisch. Ich ging vorübergehend in die Auskocherei, als ich noch einmal krank wurde und der Arzt wieder gute Nahrung für das wichtigste erklärte. Nachdem sich aber mein Zustand wieder gebessert hatte und ich kräftiger geworden war, tat mir diese große Ausgabe wieder leid. Ich wollte ja Geld ersparen, um jederzeit einen Notpfennig zu haben.

Überhaupt konnten sich nur jene Mädchen besser ernähren, die an ihrer Familie eine Stütze hatten. Das waren aber nur wenige. Viel öfter hatten die Arbeiterinnen ihre Eltern zu unterstützen oder sie mußten Kostgeld für Kinder bezahlen. Wie aufopfernd waren diese Mütter! Kreuzer um Kreuzer sparten sie, um es den Kindern zu verbessern und um der Kostfrau Geschenke machen zu können, damit diese den Kindern gute Pflege angedeihen lasse. Oft mußten Kolleginnen auch für den arbeitslosen Mann sorgen und sich doppelte Entbehrung auferlegen, weil sie allein die Kosten des Hausstandes zu bestreiten hatten.

Auch den viel verlästerten Leichtsinn der Fabrikmädchen lernte ich kennen. Gewiß, die Mädchen gingen tanzen, sie hatten Liebesverhältnisse; andere stellten sich um drei Uhr Nachmittag bei einem Theater an, um abends für dreißig Kreuzer einer Vorstellung beiwohnen zu können. Sie machten im Sommer Ausflüge und gingen stundenlang zu Fuß, um die paar Kreuzer Fahrgeld zu ersparen. Das bißchen Grüne mußten sie dann tagelang mit müden Füßen bezahlen. Das alles kann man Leichtsinn nennen, wenn man will, auch Vergnügungssucht, Liederlichkeit, wer aber hat den Mut dazu?

Ich sah bei meinen Kolleginnen, den verachteten Fabrikarbeiterinnen, Beispiele von außerordentlichem Opfermut für andere. Wenn in einer Familie besondere Not ausgebrochen war, dann steuerten sie die Kreuzer zusammen um zu helfen. Wenn sie zwölf Stunden in der Fabrik gearbeitet hatten und viele noch eine Stunde Weges nach Hause gegangen waren, nähten sie noch ihre Wäsche, ohne daß sie es gelernt hatten. Sie zertrennten ihre Kleider, um sich nach den einzelnen Teilen ein neues zuzuschneiden, das sie in der Nacht und am Sonntag nähten.

Die Mittags- und die Jausenpause wurde nicht der Ruhe gewidmet. Das Einnehmen der kargen Mahlzeit war rasch besorgt, dann wurden Strümpfe gestrickt, es wurde gehäkelt oder gestickt. Und trotz allen Fleißes und aller Sparsamkeit, war jede arm und zitterte bei dem Gedanken, die Arbeit zu verlieren. Alle demütigten sich und ließen sich auch das schlimmste Unrecht von den Vorgesetzten zufügen, um ja nicht diesen guten Posten zu verlieren, um nicht brotlos zu werden.

Manchem Mädchen geschah das Unglück, daß einer der Vorgesetzten ihr seine besondere Gunst schenkte.

Plötzlich änderte er sein Verhalten. Sie konnte nichts mehr recht machen, sie avancierte nicht und bekam nicht mehr Lohn, dafür erhielt sie Verweise. Es wurde ihr mit Entlassung gedroht und so ein armes Mädchen war dann wie eine Gehetzte, bis sie es nicht mehr ertragen konnte und selber ging.

Von einigen, denen es so ergangen war, gingen dann Gerüchte um. Eine flüsterte es der anderen zu: Man habe sie gesehen, in bestimmten Gassen in auffallender Kleidung, oder sie habe sich zum Fenster hinaus gelehnt, um Männer anzulocken. Da wurde dann immer der Stab gebrochen und auch ich war entrüstet. Keine dachte daran, ob es denn anders gewesen wäre, wenn das Mädchen gleich zu Anfang den Widerstand aufgegeben und die Gunst des Vorgesetzten gewürdigt hätte?

Von einer geheimen und einer öffentlichen Prostitution wußte ich damals noch nichts, nicht einmal das Wort hatte ich noch gehört. Später, als ich Ursache und Wirkung besser beurteilen konnte, habe ich auch über diese Mädchen anders zu denken angefangen, besonders als ich im Laufe der Jahre, die ich in der Fabrik arbeitete, manche ältere Arbeiterin kennen lernte, von der erzählt wurde, welchen Beziehungen zu einem Vorgesetzten sie ihre bevorzugte Stellung verdankte. Oder wenn andere einem Werkführer Szenen machten, weil er sie plötzlich zu drangsalieren begann, da er ihrer überdrüssig geworden war und sie am liebsten fortgehabt hätte, um ungehindert eine neue „beglücken“ zu können.

Damals dachte ich über das alles nicht nach, ich war nur immer bestrebt, meine Arbeit recht zu tun und mit niemand in Berührung zu kommen. Zudem ereigneten sich in dem Saal, in dem ich arbeitete, solche Dinge nicht; von unserem Vorgesetzten gab es kein freundliches, kein menschliches Wort. Er war ein Tyrann von der schlimmsten Sorte und als eine Herde von Sklavinnen muß er die Arbeiterinnen betrachtet haben. Eine Beschwerde über ihn wagte niemand. Er galt als der bevorzugteste Angestellte des Unternehmens, dem er ohne Zweifel mit großer Treue ergeben war. Daß er selber einst Arbeiter in derselben Fabrik gewesen war, hatte er wohl schon ganz vergessen. —

Meine Brüder hatten mittlerweile geheiratet und hatten für ihre eigenen Familien zu sorgen. Ich aber wollte meine Mutter nie verlassen und wollte es durchsetzen, daß sie nichts mehr arbeiten müßte. Ich sparte eben so sehr, wie meine Kolleginnen und wenn ich einen Tag ein paar Kreuzer mehr ausgab, so hungerte ich am nächsten buchstäblich. Daß ich mir kein Vermögen ersparen könnte, sah ich nun schon ein, aber für meine Mutter wollte ich sorgen und einen Notpfennig wollte ich haben, um sie im Falle der Erkrankung vor dem Krankenhaus zu behüten, denn gegen dieses hatte sie eine große Abneigung. Gleich den anderen Arbeiterinnen pries ich mich glücklich, in dieser Fabrik zu sein und ich verhütete ängstlich alles, was mir hätte Tadel zuziehen können.

„Ein guter Herr", das war die allgemeine Meinung über meinen „Brotgeber". Wie gewinnbringend die Ausbeutung der menschlichen Arbeitskraft ist, kann man aber gerade an diesem Fabrikanten sehen; er, der wirklich den Arbeitern mehr gönnte, als die meisten anderen Unternehmer, er, der den Arbeitern und Arbeiterinnen, wenn sie krank waren, durch viele Wochen den Lohn fortbezahlte, er, der bei einem Todesfall ansehnliche Beträge an die Hinterbliebenen schenkte und der auch sonst nie eine Bitte abschlug, wenn sich jemand in der Not an ihn wendete, er war dennoch reich geworden, durch die produktive Arbeit der in seiner Fabrik arbeitenden Männer und Frauen.

Wie ich trotzdem in dieser Fabrik Sozialdemokratin wurde, werde ich im weiteren Verlaufe erzählen. Vorläufig hielt ich mich nicht mehr für arm. Ganz königlich freute ich mich immer auf das herrliche Sonntagsmahl. Für zwanzig Kreuzer kauften wir Fleisch und ich mußte kochen. Später als mein Lohn größer war, wurde es „noch" besser und ich bekam auch ein Gläschen gezuckerten Weines zu trinken.

Nur eines fehlte mir jetzt zur vollständigen Zufriedenheit. Alle meine Kolleginnen waren gefirmt worden; sie erzählten, wie herrlich es dabei zugegangen sei und was sie von der Firmpatin für Geschenke bekommen hatten. Ich war aber nicht gefirmt worden, da meine Mutter zu stolz war, jemanden zu bitten, meine Patin zu sein. Sie selber konnte mir nicht das erforderliche weiße Kleid und was sonst dazu gehörte, kaufen, so gerne sie auch gewollt hätte; so hatte ich immer verzichten müssen. Wenn in den Zeitungen stand, daß sich in den Firmungstagen für irgend ein armes Kind ein Pate oder eine Patin gefunden hatte, so riet mir meine Mutter, ich solle auch mein Glück versuchen und mich zur Kirche stellen oder ich müsse warten, bis ich genug verdiene, um mir alles selber kaufen zu können.

Als ich sechzehn Jahre war und mir der erste Mann vom Heiraten sprach, da wandte ich allen Ernstes ein: Aber ich bin ja noch nicht gefirmt. Dieses Sakrament mußte nach meiner Anschauung eine richtige Katholikin empfangen haben, ehe sie an die Ehe denken durfte. Jetzt war ich siebzehn Jahre alt und wollte nicht länger warten. Eine junge Kollegin, die mit einem wohlhabenden jungen Manne verlobt war, wollte meine Patin sein. In einem Abzahlungsgeschäft kaufte ich mir ein schönes lichtes Kleid, elegante Schuhe, einen seidenen Sonnenschirm, feine Handschuhe und einen das ganze krönenden blumengeschmückten Hut. Das waren Herrlichkeiten! Dazu die Fahrt im offenen Wagen, die Zeremonie in der Kirche mit dem bischöflichen Backenstreich, dann ein Ausflug, ein Gebetbuch und einige nützliche Geschenke. Jetzt kam ich mir erst ganz erwachsen vor.

Die Mutter ging jetzt auch nicht mehr arbeiten, sie verdiente zu Hause etwas und besorgte die Wirtschaft. Wir hatten jetzt ein Zimmer mit zwei Fenstern genommen und mit uns wohnte wieder der jüngste Bruder, aber ohne Schlafkollegen. Wenn ich jetzt am Sonntag las, konnte ich bei einem Fenster sitzen und darüber war ich überglücklich. Ich las jetzt schon bessere Bücher, auch Klassiker. Großen Eindruck machten auf mich die Lenauschen Gedichte. „Anna“ habe ich auswendig gelernt, dann „Klara Hebert“ und die „Albigenser“. Für Wielands „Oberon“ hatte ich eine große Schwärmerei; auch Chamissos „Löwenbraut“ lernte ich auswendig. Goethe begeisterte mich damals noch nicht, ich fand ihn „unmoralisch“ und einzelne Epigramme verwarf ich vollständig als „unsittlich“. Erst einige Jahre später waren es die „Wahlverwandtschaften“, die mich bestimmten, immer mehr von Goethe zu lesen. Diese, dann „Iphigenie“ und die „Natürliche Tochter“ habe ich am häufigsten gelesen.

Auch körperlich war ich kräftiger und widerstandsfähiger geworden. Ich war bleich, aber welche meiner Kolleginnen war es nicht? Trotz meiner tatsächlichen Gesundheit konnte ich die Erinnerung an die früheren krankhaften Zustände nicht los werden. Diese düsteren Schatten der Vergangenheit verfolgten mich und manchmal litt ich ganz entsetzlich darunter. Aus den unscheinbarsten Dingen schloß ich, ich würde wieder krank werden. Ein Zucken des Augenlides, ein Flimmern vor den Augen sah ich schon als Vorboten des gefürchteten Zustandes an. Da kam ich oft tagelang aus dem Angstgefühl nicht heraus; schreckerfüllt wachte ich bei Nacht auf und klammerte mich an die Mutter. Diese litt mit mir. Nachbarinnen wußten allerlei Ratschläge, „Sympatiemittel“, wie man all die abergläubischen Dinge nennt, die oft angewendet werden. Ich war oft wochenlang melancholisch, woraus meine Kolleginnen auf geheimen Liebeskummer schlossen. Ihnen erzählte ich niemals die Ursache meiner Traurigkeit, ich wollte nicht darüber reden, ich bildete mir ein, wenn ich das täte, würde ich erst recht erliegen.

Da in meiner Umgebung viel davon gesprochen wurde, daß man durch eine Wallfahrt Erlösung von allen erdenklichen Sorgen erbitten könnte, so wollte auch ich dieses Mittel versuchen. Ich wollte an dem Gnadenorte recht inbrünstig beten um vollständige Befreiung von der gefürchteten Krankheit und um ein Zeichen, das mir Gewißheit über die Gewährung meiner Bitte verheißen sollte. Zu Fuße gingen wir nach dem drei Stunden entfernten Wallfahrtsorte. Ich war von den frömmsten Empfindungen beseelt.

Nur zu einem konnte ich mich schwer entschließen. Es galt als wichtig, zu beichten und zu kommunizieren, bevor man sich dem wundertätigen Bilde nahte. Davor hatte ich aber immer eine unüberwindliche Abneigung gehabt. Dennoch hatte ich ohne etwas zu essen, den weiten Weg gemacht, da man die Hostie nur empfangen darf, wenn man am selben Tag noch nichts gegessen hat. Als ich im Beichtstuhl kniete, wußte ich nicht, was ich sagen sollte; der Priester wartete auf mein Sündenbekenntnis, mir aber fiel nichts Sündhaftes ein, das ich begangen haben sollte. Endlich stellte der Priester Fragen an mich, darunter solche, die mich verwirrten und verletzten. Ich antwortete auf alle mit nein und wurde mit einer geringen Buße entlassen. Diese betete ich ab, die Kommunion empfing ich aber nicht. Ich konnte mich trotz aller Frömmigkeit nicht zum Glauben an die Wunderwirkung der Hostie zwingen, obwohl ich noch an Gott und an eine göttliche Allmacht und auch an die Heiligen und ihre Fürsprache glaubte. Vor den Äußerlichkeiten hatte ich aber immer ein instinktives Gefühl der Abneigung und des Zweifels empfunden. Um so andächtiger betete ich vor dem gekreuzigten Jesus, der in einer Nische wie in einem Grabe lag. Bei der Anbetung war ein entsetzliches Gedränge. Alle rutschten auf den Knieen um die von Nägeln durchbohrten Stellen des hölzernen Erlösers zu küssen. Ich tat es auch und drückte meine Lippen auf dieselben Stellen die an demselben Tag schon Hunderte und Aberhunderte, Kranke und Gesunde, vor mir berührt hatten.

In den Kreuzgängen staunte ich alle die Wunder an, die diesem Gnadenorte schon gedankt wurden. Wächserne, silberne und goldene Hände, waren in großer Zahl „geopfert" worden, zum Dank für die Heilung einer schon verloren geglaubten Hand. Krücken zur Erinnerung an die Heilung eines lahmen Beines. Zahllose Bilder stellten Rettungsszenen dar; auf einem stürzte ein Kind vom hohen Stockwerk und kam durch das wundertätige Eingreifen der heiligen Jungfrau heil und unversehrt unten an. Auf einem anderen Bild wurde ein Kind aus den Flammen gerettet, durch Maria, die Himmelskönigin natürlich, nicht durch die Unerschrockenheit des Feuerwehrmannes. Auch Bilder, wo scheugewordene Pferde ein Kind niederrannten, das wieder durch der Heiligen Hilfe unverletzt blieb, konnte ich anstaunen. Dank für die Rettung aus Todesgefahren jeder Art; Dank für die Rettung vor Siechtum und Dank für die Rettung vom Bankerott; und auch Dank für den Abschluß einer glücklichen Heirat. Für alle diese wunderbaren Taten hatten die Glücklichen reiche Geschenke dargebracht; auf Widmungen konnte man alle diese wundersamen Dinge lesen.

Ich kann nicht sagen, daß ich frei von Zweifeln blieb, hatte ich selber doch nur zu oft vergebens um Hilfe gebetet. Aber ich kaufte auch meine Opferkerze, ohne zu wissen, daß wenn man wirklich will, daß sie geopfert wird, man dabeistehen muß, bis sie verbrannt ist. Später wußte ich, daß eine Kerze wiederholt verkauft wird und daß an diesen Opferungen nicht nur die Kerzenfabrikanten ein Geschäft machen, sondern, daß auch die Kirche Zinsen und Zinseszinsen daran verdient.

Die „Hauptattraktion" des Wallfahrtsortes ist ein Gnadenbild der „Muttergottes". Zu dem Bilde gelangt man über eine Stiege, die man nur auf den Knieen rutschend berühren darf. Auf jeder Stufe betet man ein Vaterunser, nur so soll man Erfüllung des Wunsches erlangen, den man an die Gnadenreiche richtet. Ich sah die Frauen von Stufe zu Stufe rutschen und tat es auch. Wie war diese Maria geschmückt! Silber, Gold und Perlen — in von mir nie geschauter verschwenderischer Fülle und Pracht konnte ich da bewundern. Alles funkelte und glänzte an ihr. Dieser Maria durfte man aber nicht nahe kommen, durch ein Gitter war sie samt ihren Kostbarkeiten vor jeder Berührung geschützt. Nur aus ehrfürchtiger Entfernung konnte man zu der Wunderbaren anbetend aufschauen. Diesen Glanz vor Augen sollte ich in frommem, andächtigem Gebet meinen Wunsch darbringen. Kein Gedanke soll auf die Außenwelt gerichtet sein, ganz in Gott und Maria soll sich das Innere des Hilfe heischenden Menschen befinden. Was Wunder, daß ich mit bangen Zweifeln von der Wallfahrt heimkehrte! Hatten doch meine Blicke so sehr auf der glänzenden Ausstattung der Maria geweilt, daß ich, wie ich fühlte, die rechte Andacht nicht zu Stande gebracht hatte.

Die Wallfahrt blieb auch ohne Wirkung, meine Angst hatte sich nicht vermindert. Ich wollte es noch einmal versuchen und wir gingen nach einem Gnadenort, der als besonders streng galt und der weniger prunkvoll ist. Ein Wallfahrtsort für arme Leute! An einem heißen Sonntag im Juli machten wir uns um 4 Uhr früh auf den Weg. Fünf Stunden hatten wir zu gehen. Wir gönnten uns unterwegs keinen Tropfen Wasser; ich wollte entbehren, wollte Buße tun, um der Gnade teilhaftig zu werden. Müde, hungrig und durstig, über und über mit Staub bedeckt kamen wir an. Tausende von Menschen sammelten sich im Laufe des Vormittages an. Nicht nur die Kirche, auch die Gasthäuser waren mit Menschen überfüllt. Das Gedränge beim Gottesdienst in der Kirche, wo die Wallfahrer mit Fahnen ihren Einzug hielten, war so groß, daß von einer wirklichen Andacht keine Rede sein konnte. Es war ein fortwährendes

Kommen, Gehen, Stoßen und Drängen. Dann wieder Hilfegeschrei und noch größeres Gedränge, da man die in der furchtbaren Atmosphäre ohnmächtig Gewordenen hinausschaffen mußte. Krüppel, die sich mühselig auf Krücken schleppten, andere Unglückliche, die vor den halberblindeten Augen Schirme trugen; kranke Kinder auf den Armen ihrer Mütter, hochschwangere Frauen, die um ein gutes Wochenbett baten, daneben andere, die sich von der Wallfahrt Fruchtbarkeit erhofften. Sie alle in diesem wilden Stoßen, Zerren und Schelten. — Nachher überfüllte Restaurants, wo zügellos getrunken und gelärmt wurde. Ich war abgestoßen und angewidert und machte keine Wallfahrt mehr mit. In meinem Glauben war ich zwar noch nicht erschüttert, aber ich fand, daß man daheim würdiger beten könne, als in einer Umgebung, die eher an das Getriebe bei einem Kirchweihfest im Dorfe, denn an ein Gotteshaus erinnerte.

* * *

Ich las nicht nur gerne Romane und Erzählungen, ich hatte, wie schon erwähnt, angefangen, auch Klassiker und andere gute Bücher zu lesen. Auch an öffentlichen Ereignissen nahm ich lebhaften Anteil. Schon als Lehrmädchen habe ich mir oft nichts zu essen gegönnt, um mir eine Zeitung kaufen zu können. Aber nicht die Neuigkeiten interessierten mich, sondern die politischen Leitartikel. Jetzt, wo ich einen beständigen Verdienst hatte, kaufte ich mir eine dreimal wöchentlich erscheinende Zeitung. Es war ein streng katholisches Blatt, das über die sich bemerkbar machende

Arbeiterbewegung sehr abfällig urteilte. Dafür erzog es zur patriotischen und religiösen Gesinnung. In mir rangen damals schon zwei Anschauungen um die Oberhand. Ich nahm warmen Anteil an allen Vorgängen in den dynastischen Familien und war über Handlungen der Erzherzoge und über die Zustände der Prinzessinnen besser unterrichtet, als über Dinge, die meine nächste Umgebung betrafen. Ich trauerte mit Spanien um Alfons XII. und das Bild, das meine Zeitung von Maria Christine brachte, wie sie sich mit ihrem Säugling am Arme den Untertanen zeigte, hob ich wie eine Reliquie auf. Um Alexander v. Battenbergs willen wünschte ich Rußland Krieg und Niederlage und auch der Bulgarenfürst befand sich lange in meiner Bildergalerie. Der Tod des Kronprinzen von Österreich ging mir so zu Herzen, daß ich tagelang weinte. Aber nicht nur die Geschicke der Dynastien erschütterten mich, auch die politischen Verwicklungen hielten mich in Spannung. Die in meiner Zeitung erwogene Möglichkeit eines Krieges mit Rußland versetzte mich in patriotische Begeisterung. Ich sah meine Brüder schon ruhmbedeckt vom Schlachtfelde heimkehren und mich selber hätte ich am liebsten in der Rolle einer „Heldin von Wörth" gesehen, von der ich in einem Roman gelesen und die von Wilhelm I. mit dem „Eisernen Kreuz" ausgezeichnet wurde.

Um diese Zeit hatte ich aber auch schon die Geschichte der französischen und der Wiener Revolution gelesen, die ich mir von dem Vater einer Kollegin geliehen hatte. Zu einer einheitlichen Auffassung konnte ich mich aber noch lange nicht durchringen. Ja, als eine besonders starke antisemitische Strömung im politischen Leben bemerkbar wurde, sympatisierte ich vorübergehend mit dieser Richtung. Eines hatte mich dazu bewogen. Ein Flugblatt: „Wie gelangt Israel zu Macht und Herrschaft über alle Völker der Erde" hatte mir's angetan. Da gelangte ich nebst vielen anderen Gräueltaten, die dem Volke Israels angedichtet wurden, auch zur Kenntnis des Märchens vom Ritualmord. Ich las weiter, daß die Juden die „Töchter der Gojims" (Christen) schänden wollen, um die eigenen Frauen und Töchter zu schonen. Diese Behauptung beeinflußte mich am meisten. Ich wollte auch beitragen zur Abwehr der jüdischen Anschläge und beschloß dem jüdischen Geschäfte, wo ich bisher meine Kleider gekauft hatte, meine Kundschaft zu entziehen. Meine Kolleginnen beredete ich zu demselben Handeln.

Um diese Zeit betätigte sich auch eine anarchistische Gruppe. Einige mysteriöse Morde, die sich ereigneten, wurden den Anarchisten zugeschrieben und die Polizei benützte sie, um die aufstrebende Arbeiterbewegung zu drangsalieren. Das alles verfolgte ich mit brennendem Interesse. Alle anderen Dinge, von denen man sagt, daß um ihretwillen Frauen Zeitungen lesen, ließen mich kalt, ich überflog sie kaum. — Die Anarchistenprozesse verfolgte ich aber mit leidenschaftlicher Anteilnahme. Ich las alle Reden, und da, wie das immer zu geschehen pflegt, Sozialdemokraten, die man eigentlich treffen wollte, unter den Angeklagten waren, so lernte ich deren Anschauungen kennen.

Ich war begeistert. Jeder einzelne Sozialdemokrat, den ich aus der Zeitung kennen lernte, erschien mir wie ein Gott. Daß ich selber ihre Mitkämpferin werden könnte, fiel mir gar nicht ein. So hoch und erhaben erschien mir alles, was ich von ihnen las, daß es mir phantastisch vorgekommen wäre, auch nur daran zu denken, daß ich unwissendes, unbekanntes und armes Geschöpf auch einmal tätigen Anteil an ihren Bestrebungen nehmen könnte.

Es kam zu Arbeiterunruhen; die Arbeitslosigkeit hatte großen Umfang angenommen, ganze Gewerbe stockten und die Polizei glaubte die Unzufriedenheit und zunehmende Not mit Chikanen unterdrücken zu können. Sie löste Fachvereine auf und konfiszierte die Kassen. Das steigerte selbstverständlich die Empörung und es kam zu demonstrativen Umzügen. Als sich diese wiederholten, rückte Militär in die „bedrohten" Straßen. „Gewehr bei Fuß" und „hoch zu Roß" wurden sie aufgestellt. Ich stürmte abends aus der Fabrik in höchster Erregung auf den Schauplatz der Ereignisse. Das Militär schreckte mich nicht, ich wich erst vom Platze, als „geräumt" wurde.

Um diese Zeit lernte ich einen Arbeiter kennen, der außerordentlich intelligent war. Er war ganz anders wie alle anderen, die zu meinem Bekanntenkreis gehörten. Er war viel gereist, hatte in Rußland und in England gelebt und war nun zurückgekehrt. Seine Bildung war eine umfassendere, er hatte eine Mittelschule absolviert und war dann durch eine finanzielle Katastrophe in seiner Familie gezwungen worden, Arbeiter zu werden. Er war der erste Sozialdemokrat, mit dem ich bekannt wurde. Der Partei gehörte er aber offiziell nicht an, er war in keinem Verein Mitglied und las nur die Schriften der Partei. Von ihm erhielt ich viele Bücher, mit ihm konnte ich über alles reden, was ich dachte und empfand. Von ihm ließ ich mich auch über den Unterschied zwischen Anarchismus und Sozialismus aufklären. Von ihm hörte ich auch zum erstenmal was eine Republik sei — und trotz meiner früheren dynastischen Schwärmereien entschied ich mich für die republikanische Staatsform. Ich sah alles so nahe und greifbar, daß ich förmlich die Wochen zählte, die bis zur Umwälzung des Staats- und Gesellschaftswesens noch vergehen mußten.

Von diesem Arbeiter erhielt ich auch die erste sozialdemokratische Zeitung. Er kaufte sie nicht regelmäßig, sondern nur wenn er gerade dazu kam, wie dies leider so viele machten. Ich aber bat ihn jetzt, sie jede Woche zu bringen und wurde selbst ständige Käuferin. Die theoretischen Abhandlungen konnte ich nicht sofort verstehen, was aber über die Leiden der Arbeiterschaft geschrieben wurde, das verstand und begriff ich und daran lernte ich erst mein eigenes Schicksal verstehen und beurteilen. Ich lernte einsehen, daß alles was ich erduldet hatte, keine göttliche Fügung, sondern von den ungerechten Gesellschaftseinrichtungen bedingt war. Mit grenzenloser Empörung erfüllten mich die Schilderungen von der willkürlichen Handhabung der Gesetze gegen die Arbeiter. Die Aufhebung der Ausnahmegesetze, unter welchen die Sozialdemokraten schwer zu leiden gehabt hatten, wurde von mir mit großem Jubel begrüßt, obwohl ich noch außerhalb der Partei stand und von niemandem gekannt wurde. Selbst in Versammlungen war ich noch nicht gewesen, ich wußte gar nicht, daß Frauen in Versammlungen Zutritt hatten, außerdem war es ganz meiner bisherigen Auffassung entgegen, allein in ein Gasthaus zu gehen. Mied ich doch jedes Vergnügen, jede Zerstreuung, um nur in keine Gesellschaft zu kommen, die meinen Empfindungen nicht zusagte. Auch meine Mutter schärfte mir immer ein: „Ein braves Mädel wird zu Hause gesucht.“ So saß ich denn immer daheim, mit einem Buche oder einer Handarbeit beschäftigt, während ich noch halb unbewußt, schon mächtige Sehnsucht nach dem Verkehr mit gleichgesinnten und gleichdenkenden Menschen empfand.

In der Fabrik war ich eine andere geworden, seit sich meine Gedanken von der früheren schwermütigen Sentimentalität etwas freigemacht hatten. Früher hatte ich mich abgesondert, damit zwischen mir und meinen Kolleginnen nicht zu viel Intimität entstehe. Zuerst hatte man das für Scheu und Schüchternheit gehalten, dann als es nicht anders wurde, für Stolz. Da ich aber immer gefällig war und mich nie ausschloß, wenn es sich um irgendwelche gemeinsame Hilfeleistung zu Gunsten einer Kollegin handelte, gewöhnte man sich an mein Wesen. Auch die Arbeiter, mit denen die Mädchen in den Pausen im Hofraum scherzten, ließen mich schließlich meine eigenen Wege gehen. Man nannte mich wohl auch stolz, wenn ich mich an den Unterhaltungen nicht beteiligte und es vermied, mit den Männern zu reden. „Die meint wohl auch, daß sie einen Grafen bekommt," wurde öfter gesagt.

Jetzt wo ich ein Ziel vor mir hatte und wo ich ganz durchdrungen war von dem Gedanken, daß alle Menschen das wissen müßten, was mir bewußt geworden war, jetzt gab ich meine Zurückhaltung auf und erzählte meinen Kolleginnen alles, was ich über die Arbeiterbewegung las. Früher hatte ich auch manchmal erzählt, wenn man mich darum gebeten hatte. Aber statt Ohnets „Hüttenbesitzer" oder dem Schicksale irgend einer Königin erzählte ich jetzt von Unterdrückung und Ausbeutung. Ich erzählte von den in den Händen Einzelner angesammelten Reichtümern und führte als Kontrast die Schuhmacher an, die keine Schuhe, die Schneider, die keine Kleider hatten. Ich las in den Pausen die Artikel der sozialdemokratischen Zeitung vor und erklärte, was Sozialismus ist, so gut ich es verstand. Mit Leidenschaft verteidigte ich meine Sache, als man die Anarchisten mit den Sozialisten auf eine Stufe stellte.

Meine Tätigkeit blieb nicht unbemerkt; die Vorgesetzten wurden aufmerksam und man sprach von mir. Ich war aber ängstlich bemüht, keinen berechtigten Anlaß zu einem Tadel zu geben. Früher war ich so wie die anderen oft zu spät gekommen, jetzt gewöhnte ich mir Pünktlichkeit an. Meine Arbeit machte ich peinlich gewissenhaft, es war in mir instinktiv die Ansicht gereift, daß man, wenn man einer großen Sache dienen wolle, auch in kleinen Dingen seine Pflicht tun müsse. Ich hatte das damals noch nicht genau auszudrücken verstanden, aber tatsächlich war ich von dieser Anschauung beherrscht. Wenn ich in der Jausenpause mit Wärme und Lebhaftigkeit den Inhalt meiner Zeitung vortrug und zu erklären versuchte, so kam es manchmal vor, daß einer der Komptoir-Beamten vorüberging und kopfschüttelnd zu einem anderen sagte: „Das Mädel spricht wie ein Mann."

Meine Zeitung holte ich mir jetzt jede Woche selbst. Als ich das erstemal den Verkaufsraum des sozialdemokratischen Blattes betrat, war mir zu Mute als betrete ich ein Heiligtum. Und wie ich meine ersten zehn Kreuzer für den Wahlfond unter dem Motto: „Fester Wille" ablieferte, da fühlte ich mich schon als ein Glied der großen Kämpferschar, obwohl ich noch keinem Vereine angehörte und außer dem Freunde meines Bruders, noch keinen Sozialdemokraten gesprochen hatte.

Da ich in meiner Zeitung immer las: „Werbet neue Abonnenten!" „Verbreitet Eure Zeitung", bemühte ich mich in diesem Sinne zu wirken. Als ich dann jede Woche nicht nur eine Zeitung, sondern zwei, dann drei und schließlich gar zehn Stück holen konnte, da war mein Hochgefühl mit nichts mehr zu vergleichen. Mein Weg um die Zeitung hatte immer etwas Feiertägiges für mich. Ich zog an diesem Tage mein schönstes Kleid an, so wie früher, wenn ich in die Kirche ging.

Obwohl in der sozialdemokratischen Zeitung über Religion wenig geschrieben wurde, so war ich doch von allen religiösen Vorstellungen frei geworden. Es war das nicht mit einem Mal gegangen, es hatte sich langsam entwickelt. Ich glaubte nicht mehr an einen Gott und an ein besseres Jenseits, aber es kamen mir doch immer wieder Bedenken, ob es nicht vielleicht doch etwas gebe. An denselben Tag, an dem ich mich bemüht hatte, meinen Kolleginnen zu beweisen, daß die Erschaffung der Welt in sechs Tagen nur ein Märchen sei, daß es einen allmächtigen Gott nicht geben könne, weil dann so viele Menschen nicht so harte Schicksalsschläge erdulden müßten, am Abend desselben Tages, faltete ich doch wieder die Hände, wenn ich in meinem Bette lag und hob meine Augen zu dem Marienbild empor. „Vielleicht doch", dachte ich unwillkürlich immer wieder. Gesagt hätte ich es keinem Menschen, daß mich noch solche Zweifel quälten. Aber die Schilderungen über Sibirien und die schrecklichen Dinge, die aus der Petersburger Schlüsselburg in die Öffentlichkeit drangen und die ich aus meiner Zeitung erfuhr, benützte ich, um meinen Kolleginnen zu beweisen, daß es keinen Gott geben könne, der die Geschicke der Menschen beeinflußt.

Meine sozialdemokratische Überzeugung wurde immer bestimmter und ich mußte in der Fabrik vieles erdulden. Mein unmittelbarer Vorgesetzter, der über unseren ganzen Saal seine tyrannische Macht ausübte, war immer brutal und mürrisch. Mir erschien er jetzt geradezu als ein Teufel. Er war der erste Mensch, den ich wirklich haßte und obwohl viele Jahre verflossen sind, seit ich seiner Machtsphäre entrückt bin, spüre ich noch heute allen Groll und allen Haß, wenn ich an ihn denke. Wenn im Laufe der Jahre in der Fabrik manches verschlechtert wurde, so war dies wesentlich ihm zuzuschreiben. Er konnte jeder, die sich seinen Groll zugezogen hatte, wenn auch nur deswegen, weil sie sich gegen einen ungerechtfertigten Tadel zu verteidigen versucht hatte, das Dasein in der Fabrik zur Hölle machen. Ich hatte ihm bisher nie Anlaß gegeben, sich mit mir besonders zu beschäftigen. Jetzt wurde das anders, denn auch er bemerkte meinen Einfluß auf meine Kolleginnen. Das gefiel ihm nicht und er begann mich zu beobachten. Er fing an, meine Arbeit besonders zu kontrollieren; wenn er sich sonst begnügt hatte einmal des Tages nachzusehen, und wenn er bei mir oft ganz darauf verzichtet hatte, so kam er jetzt zehnmal im Tage. Ich war keinen Augenblick sicher, ob er nicht kommen und in meiner Arbeit herumwühlen würde, um nach Fehlern zu suchen. Wenn ich aufstand, um mir ein Glas Wasser zu holen, so ging er hinter mir her und blieb stehen bis ich getrunken hatte, um mir dann wieder zum Tische zurück zu folgen. Jeder Schritt, den ich tat, jede Bewegung, die ich machte, wurde von ihm verfolgt. Eines Tages sprach mich mein Arbeitgeber an und sagte mir, daß mein Vorgesetzter mit mir unzufrieden sei. „Denken Sie daran, daß Sie für eine alte Mutter zu sorgen haben," sagte er zum Schlusse. Ich war so verwirrt und fassungslos, daß ich nicht sofort erwidern konnte. Als ich mich aber gefaßt hatte, suchte ich ihn wieder zu treffen und bat ihn, mir zu sagen, warum der Werkführer mit mir unzufrieden sei. Ich verwies darauf, daß meine Arbeit trotz der häufigen Kontrolle immer in Ordnung sei. Der Fabrikant, — als „Brotgeber" betrachtete ich ihn schon lange nicht mehr — sah mich einen Augenblick an, dann ging er mit den Worten: „Es ist gut, arbeiten Sie so wie bisher."

Von der „Frauenfrage" hatte ich noch immer keine Ahnung. Darüber stand nichts in der Zeitung und eine andere Presse als die sozialdemokratische las ich nicht mehr. Ich kannte auch keine Frau, die sich für Politik interessiert hätte. Ich galt als eine Ausnahme und betrachtete mich selber als solche. Die soziale Frage, wie ich sie damals verstand, hielt ich für eine Männerfrage und die Politik ebenfalls für eine Sache der Männer. Nur hätte ich gerne ein Mann sein mögen, um auch ein Anrecht auf die Beschäftigung mit Politik zu haben. Daß die Sozialdemokraten den Frauen die Gleichberechtigung mit dem Manne erkämpfen wollen, erfuhr ich zum ersten Male, als ich gelegentlich eines Parteitages das sozialdemokratische Programm las. Wie aber Frauen selbst an den Parteibestrebungen mitarbeiten könnten, wußte ich noch nicht. Da las ich eines Tages in der sozialdemokratischen Zeitung folgenden Artikel:

„Das Weib im XIX. Jahrhundert", so betitelt sich ein großes Fest, das zu wohltätigem Zwecke abgehalten wurde. Der Hauptpunkt der originellen Schaustellung war die „Vorführung der Erwerbstätigkeit der Frau". Es gehört die ganze Frivolität, die ganze gedankenlose Frechheit unserer „Wohltätigen“, dazu, um den wundesten Punkt des ganzen Gesellschaftskörpers, um jene Eiterbeule, die in sich allein den ganzen Jammer der heutigen Menschheit zusammenfaßt und aufweist, zum Gegenstand eines „großen Festes“ zu machen. „Das Weib im XIX. Jahshundert“, die Sklavin, die in doppelter Eigenschaft als Marktware verhandelt wird, als Lustobjekt und als Ausbeutungsobjekt, das Weib des XIX. Jahrhunderts, als Königin des Festes! — Die Erwerbstätigkeit des Weibes wurde vorgeführt; da sah man wohl die schmutzigen herabgekommenen Ziegelschlägerinnen, bewundert von den Verwaltungsräten der Aktiengesellschaft; oder die Spitzenklöpplerinnen mit ihrem Taglohn von 30 Kreuzern für 16 stündige Arbeitszeit, bekomplimentiert von ihren Ausbeutern, den „Protektoren“ der Spitzenindustrie; oder die Sklavinnen der Spinnereien und der Webereien und die Herren Ausbeuter machten wohl eben den Versuch ihnen die Vorteile der Nachtarbeit klar zu machen; oder die armen Weiber, die in der Nagelschmiede stehen mit verschwielten und verbrannten Händen — — sie alle getreten, ausgebeutet, abgerackert und zu Tode gehetzt — — Oder hat sich die noble Gesellschaft einmal die Lehrerinnen „vorgeführt“, die gelehrten Haussklavinnen, wie die Dienstboten in allen ihren Unterarten die ungelehrten Sklavinnen sind, beide der Gegenstand der ungezügelten Laune, der unverhohlenen Verachtung dieser wohltätigen Welt?

Und wie war ihnen Erwerbstätigkeit „des Weibes im XIX. Jahrhundert" vorgeführt, welche Prostitution heißt, die Prostitution „geheiligt durch die gesetzliche Ehe, und jene von Fall zu Fall, die Prostitution der Straße? — Wäre das ganze Spiel nicht gleißnerische Lüge, heuchlerischer Selbstbetrug gewesen, wäre ein einziger Strahl der nackten Wahrheit in den glänzenden Saal gedrungen, fürwahr, das Bild des „Weibes im XIX. Jahrhundert", wie es wirklich ist, hätte genügt, um die Gesellschaft aufzujagen aus ihrem Taumel, sie auseinander zu scheuchen in Scham und Entsetzen. — Aber sie sind blind! Und wo sie nicht blind sind, lieben sie die Verblendung. Wie könnten sie leben, ohne diese selbstgeschaffene Blindheit!"

Das las ich in der sozialdemokratischen Zeitung, in meiner Zeitung, wie ich sie mit freudigem Stolze nannte und die Wirkung war unbeschreiblich. Ich schlief nicht; wie Schuppen war es mir von den Augen gefallen und ich grübelte über das Gelesene nach. Ich kam aus dem Zustand der Erregung nicht heraus und alles in mir drängte nach Betätigung. Ich konnte das Gelesene unmöglich für mich behalten, die Worte drängten sich mir förmlich auf die Lippen, wie ich reden wollte. Ich stieg zu Hause auf einen Stuhl und hielt eine Ansprache wie ich es machen würde, wenn ich in einer Versammlung zu reden hätte. „Die geborene Rednerin" urteilte der Freund meines Bruders. Er brachte mir Bücher aus der Bibliothek des Arbeitervereines in dem er mittlerweile Mitglied geworden war. Ich selber hatte ihm dazu zugeredet. „Wäre ich doch ein Mann" wiederholte ich immer wieder. Daß ich auch als Mädchen in der sozialistischen Bewegung oder im politischen Leben überhaupt etwas leisten könnte, wußte ich damals noch nicht. Nie hörte oder las ich von Frauen in Versammlungen und auch alle Aufforderungen „meiner Zeitung" waren immer nur an die Arbeiter, an die Männer gerichtet. In diese Zeit fiel der Pariser Sozialisten-Kongreß, der die Arbeitsruhe als Kundgebung für den Achtstundentag beschloß. Und ich stand noch immer allein und konnte gar nichts für „die Sache" tun. Das was ich meinen Kolleginnen erzählte, die Verbreitung der Zeitung durch mich, erschien mir so nichtig und so geringfügig, daß es mir keinen Trost bot. Später lernte ich erkennen, von welch unschätzbarem Werte gerade diese Tätigkeit für die Ausbreitung des Sozialismus ist.

Aus der Bibliothek des Arbeitervereins erhielt ich nun durch den Freund meines Bruders viele Bücher, die ernstes Nachdenken erforderten. Die „Neue Zeit" wurde meine Lektüre, ich las alle Jahrgänge, die in der Bibliothek vorhanden waren, nach. Aber ich wollte mich gründlich „bilden" und ließ mir auch Bücher bringen, die nicht sozialistisch waren. Ich arbeitete neun Bände Weltgeschichte durch und sogar das „Buch der Erfindungen" wollte ich studieren. Alle Bemühungen waren aber fruchtlos, ich konnte mich zu dieser trockenen Literatur nicht zwingen, nur der Abschnitt über die

Korkrinde fesselte mich, da dieser mit meinem Berufe im Zusammenhang war.

Friedrich Engels „Die Lage der arbeitenden Klassen in England" erschütterte mich tief und stärkte mein revolutionäres Empfinden. Eine kleine Broschüre: „Das Recht auf Faulheit" von Lafargue gefiel mir außerordentlich und als ich später in Versammlungen zu reden begann, gehörte sie zu meinem Material. Große Begeisterung empfand ich für Ferdinand Lassale. „Die Wissenschaft und die Arbeiter", dann „Die Feste, die Presse und die Arbeiter" las ich immer wieder, um in den Inhalt einzudringen. Auch Liebknechts als Broschüre erschienene Festrede: „Wissen ist Macht" gehörte zu den ersten sozialistischen Schriften, die mich beeinflußten. Eine große Zahl revolutionärer Freiheitsgedichte lernte ich auswendig.

Obwohl ich mich soviel mit Sozialismus beschäftigte, war ich noch immer in keiner Versammlung gewesen, ich verfolgte aber mit brennendem Interesse alle Berichte und wußte die Namen aller Redner. Endlich wollte ich aber doch einer Versammlung beiwohnen. Als zufällig an einem Sonntag eine Versammlung stattfand, bei der der bekannteste und hervorragendste Führer sprechen sollte, bestürmte ich meinen Bruder, mit mir hinzugehen. Es war im Dezember und eine trockene Kälte hatte seit Wochen geherrscht. Viele Leute waren arbeitslos und sehnsüchtig wurde der Himmel beobachtet, ob denn noch immer kein Schnee zu erwarten sei. „Auch der

Hergott vergißt die armen Leute," konnte man sehr oft aussprechen hören. An diesem für mich wichtigen Sonntag war der ersehnte Schnee gefallen. Man mußte sich förmlich durch die Schneemassen durcharbeiten. Die Versammlung war in einem großen Saale eines entlegenen Arbeiterbezirkes. Als wir kamen, standen die Menschen schon Kopf an Kopf; sie rieben sich die Hände und stampften mit den Füßen um sich zu erwärmen. Ich hatte Herzklopfen und spürte, wie mein Gesicht glühte, als wir uns durch diese Menge drängten, um in die Nähe der Rednertribüne zu gelangen. Ich war das einzige weibliche Wesen im Saale und alle Blicke, als wir uns durchdrängten, richteten sich erstaunt auf mich. Den Redner konnte ich nur undeutlich sehen, denn er war in eine Wolke von Tabak- und Zigarrenrauch gehüllt. Er sprach über: „Die kapitalistische Produktionsweise".

Und wieder waren es neue Offenbarungen für mich. Was ich instinktiv gefühlt hatte, aber noch nicht auszudenken vermochte, hörte ich hier klar und überzeugend vortragen. Der Redner begann mit dem Hinweis auf den Schneefall und beleuchtete daran das Verkehrte und Sinnlose der „gegenwärtigen Gesellschaftsordnung". „Das was in einer vernünftigen Gesellschaft als Elementarereignis und Verkehrshindernis angesehen würde, wird heute als ein Glück gepriesen, durch das hunderte Menschen vor dem Verhungern bewahrt werden; Menschen, die keine Arbeit haben, nicht weil sie nicht arbeiten wollen, sondern deshalb, weil durch die wahnsinnigen Gesellschaftseinrichtungen und eine kurzsichtige Gesetzgebung, andere Menschen so lange arbeiten müssen, bis sie vor Erschöpfung zusammenbrechen."

Diese Einleitung blieb in meinem Gedächtnisse haften und meine Gedanken arbeiteten daran weiter. Die zweite Versammlung besuchte ich am Weihnachtstag; dort waren außer mir noch zwei Frauen anwesend. Der Redner sprach über „Klassengegensätze". Er sprach gut, wirkungsvoll, hinreißend. Ich hörte die leidensvolle Geschichte meiner eigenen Weihnachtsfeste schildern und im Gegensatz zu den Entbehrungen der Armen, den Überfluß der Reichen. In mir drängte alles hinzurufen: „Das weiß ich auch, das kann ich auch erzählen!" Aber noch wagte ich kein Wort, nicht einmal den Mut hatte ich, Beifall zu spenden. Das hielt ich für unweiblich und nur den Männern zukommend. Auch wurde in den Versammlungen nur für Männer gesprochen. Keiner der Redner wendete sich auch an die Frauen, die allerdings nur sehr vereinzelt anwesend waren. Aber es schien alles nur Männerleid und Männerelend zu sein. Ich empfand es schmerzlich, daß man über die Arbeiterinnen nicht sprach, daß man sich nicht auch an sie wandte und zum Kampfe aufrief. —

Die dritte Versammlung, die ich besuchte und die ich ihres Charakters wegen noch anführe, war eine Wählerversammlung. Die Polizei duldete keine Frauen in diesen politischen Versammlungen und doch wollte ich so gerne einer beiwohnen. Einmal gelang es meinen flehentlichen Bitten, die Ordner zu überreden, mich einzulassen, doch mußte ich ganz rückwärts in einer Ecke bleiben. Zum erstenmale hörte ich hier vom sozialdemokratischen Standpunkt über den Militarismus reden. Und wieder fiel ein Teil meiner früheren Anschauungen in Trümmer. Bis dahin hatte ich den Militarismus als etwas Selbstverständliches und Unentbehrliches angesehen. Daß meine Brüder des „Kaisers Rock" getragen, hatte mich mit Stolz erfüllt und der war mir nicht als rechter Mann erschienen, der diese patriotische Pflicht nicht erfüllt hatte. Wenn ich mir in meinen Mädchenträumen den Mann vorstellte, der mein Gatte werden würde, dann gehörte auch die militärische Tauglichkeit zu den Eigenschaften, die er besitzen mußte. Und jetzt fiel auch dieses Ideal. Als Volksbelastung wurde der Militarismus geschildert und ich mußte dem beistimmen. Der Krieg, ein Menschenmorden, nicht zur Verteidigung der Landesgrenzen vor einem bösen wilden Feind, sondern im Interesse der Dynastien, diktiert von Ländergier oder eingefädelt durch diplomatische Intriguen.

Alles was ich hörte, kam mir so natürlich vor, daß ich mich nur wunderte, warum so wenige Menschen diese Dinge verstanden.

Mir war durch die Versammlungen eine neue Welt erschlossen worden und alles in mir drängte nach eigener Betätigung. Ich wollte mithelfen und mitkämpfen und wußte doch nicht, wie ich das anfangen sollte. Unter all diesen Einflüssen war ich aber eine ganz andere geworden. Menschen, die von meinen politischen Idealen nichts verstanden oder die davon nichts wissen wollten, erschienen mir direkt als Feinde. Ich wollte aber bekehren und wollte „politisieren". Ich begann mit meinen Brüdern und ihren Frauen in Gesellschaften zu gehen, die ich früher gemieden hatte. Man hatte mich stolz und hochmütig genannt und hatte mir auch Vorstellungen gemacht, nicht so ein Klosterleben zu führen, sondern meine Jugend zu genießen. Wenn ich manchmal mitging, kam ich mir wie ein Opferlamm vor. Jetzt ging ich gerne mit. Ich wollte Gelegenheit haben, über die Sozialdemokratie zu reden und war der Meinung, daß man mit Männern über Politik mehr reden könnte, als mit Frauen.

Wie sehr ich die politische Reife der Männer überschätzt hatte, erfuhr ich nur zu bald. Ich wollte für den Wahlfond sammeln. Als ich der Gesellschaft das auseinandersetzte, meinte einer, ein Gewerbetreibender: „Für den Wahlfond? Wer ist denn das? Ah, ich weiß schon, der verunglückte Wagenwascher." Und ich, das junge, politisch rechtlose Mädchen mußte den wahlberechtigten Männern erzählen, was der Wahlfond ist und warum man für ihn sammeln müsse. Man wunderte sich allgemein, wo ich meine „Gescheitheit" hergenommen und wer mich das alles gelehrt habe. Auch in der Fabrik sammelte ich. Zuerst nur unter meinen engeren Kolleginnen, der Kreis wurde aber immer größer.

Dazu kam die Propaganda für die Arbeitsruhe am 1. Mai. Diese brachte mich in einen Zustand fieberhafter Aufregung; ich wollte dafür tätig sein und suchte nach Gesinnungsgenossen. Unter den Arbeitern war mir einer aufgefallen, der einen breiten Hut trug, von ihm hoffte ich, daß er Sozialdemokrat sei. Ich spähte nach einer Gelegenheit, um mit ihm zu reden und unternahm Dinge, die ich sonst nie getan hätte. Die Arbeiter wuschen sich vor Arbeitsschluß im Hofraum die Hände. Auch viele Mädchen gingen dorthin. Ich hatte es nie getan, um nicht die Reden hören zu müssen, die dort geführt wurden und die mich verletzten. Jetzt mischte ich mich unter sie und es gelang mir, den Besitzer des breiten Hutes anzusprechen. Ich hatte mich nicht getäuscht. Er war ein ernster, intelligenter Arbeiter und Mitglied des Arbeitervereines. Wie war ich froh, einen Gleichgesinnten in der Fabrik zu wissen! Er bei den Männern, ich bei den Frauen, es mußte gelingen, die Arbeitsruhe am 1. Mai durchzusetzen.

Und doch gelang es nicht. Die Leute hingen zu sehr an dem Fabrikanten und konnten noch nicht begreifen, daß die Arbeiter aus eigener Entschließung etwas unternehmen könnten. Allen, die am 1. Mai nicht zur Arbeit kommen würden, wurde die Entlassung angedroht. Noch am letzten April bemühte ich mich, die Arbeiterinnen meines Saales zu einer gemeinsamen Kundgebung für die Arbeitsruhe am 1. Mai zu bewegen. Ich schlug vor, alle sollten, wenn der „Herr" erscheine, aufstehen und ich würde ihm unser Ansuchen vortragen. Das gemeinsame Aufstehen sollte die Solidarität bekunden. Viele waren mit mir aufrichtig einverstanden, aber die alten Arbeiterinnen, die schon Jahrzehnte in der Fabrik arbeiteten, fanden, man dürfe das dem „Herrn“ nicht antun. Und so blieben alle sitzen, als er kam. Nun wollte ich allein, nur für mich, die Freigabe erbitten, abends wurde aber mitgeteilt: Wer am 1. Mai nicht arbeitet, kann bis Montag zuhause bleiben. Das schreckte mich. Ich war ein armes Mädchen, der 1. Mai fiel auf einen Donnerstag, konnte ich eine halbe Woche verlieren? Schließlich wäre ich davor nicht zurückgeschreckt, aber ich hatte Angst, dann überhaupt entlassen zu werden, wo aber war wieder so gute Arbeit zu bekommen? Und was sollte aus meiner alten Mutter werden, wenn ich längere Zeit arbeitslos blieb? Die ganze trübe Vergangenheit stieg vor mir auf — und ich fügte mich. Ich fügte mich mit geballten Fäusten und empörtem Herzen.

Am 1. Mai, als ich in meinem Sonntagskleid zur Fabrik ging, sah ich schon Tausende von Menschen mit dem Maizeichen geschmückt in die Versammlungen eilen. Auch mein Bruder und sein Freund gehörten zu den Glücklichen, die feiern durften. Ich weiß nicht, welchen Schmerz ich mit jenem vergleichen könnte, der den ganzen 1. Mai nicht von mir wich. Wie wartete ich immer, daß die Sozialdemokraten kommen und uns im Sturme aus der Fabrik holen würden! Ich freute mich darauf, die anderen fürchteten sich. Die Holzläden vor den Fenstern durften den ganzen Tag nicht geöffnet werden, damit man nicht mit Steinen die Fenster einschlagen könnte. Bei der nächsten Lohnauszahlung bekam jeder Arbeiter, jede Arbeiterin ein gedrucktes Formular auf dem zu lesen war: „In Anerkennung für die Pflichttreue meines Personals am 1. Mai erhält jeder Arbeiter zwei Gulden, jede Arbeiterin einen Gulden Belohnung.“

Ich trug meinen Gulden, den ich dem Unternehmer am liebsten vor die Füße geworfen hätte, in die Redaktion, für den „Fond der Gemaßregelten vom 1. Mai“.

Den nächsten 1. Mai feierte auch ich. Keinen Tag ruhte ich ohne dafür Propaganda zu machen. Und wie ich noch heute, nach so vielen Jahren, mit Befriedigung empfinde, habe ich eine ganz gute Taktik eingeschlagen. Unter meinen Kolleginnen waren einige, die mit Werkmeistern verwandt waren und daher eine bevorzugte Stellung einnahmen. Diese hatte ich für den 1. Mai gewonnen, ich hatte sie für die Ziele, denen die Arbeitsruhe galt, begeistert und sie ließen sich in die Deputation wählen, die unserem Arbeitgeber das Ansuchen um Freigabe des Arbeiterfeiertages zu unterbreiten hatte. Es war eine kleine Revolution! Frauen, Töchter, Schwestern der Vorgesetzten für den 1. Mai! Auch mein Freund von der Männerabteilung hatte redlich seine Pflicht getan und wir konnten den Arbeiterfeiertag unter der Bedingung begehen, daß wir allen jenen, welche nicht feiern wollten, den Lohnverlust zu ersetzen hatten. Wir plünderten unsere Sparkasse, die wir uns für Weihnachten angelegt hatten, denn drei Kollegen hatten sich gefunden, die sich nicht schämten, sich das Arbeitsversäumnis von uns bezahlen zu lassen.

Kurz nachher hielt ich meine erste öffentliche Rede. Es war an einem Sonntag Vormittag in einer Branchenversammlung. Ich sagte niemandem, wo ich hinging und da ich auch sonst öfter am Sonntag Vormittag allein fortging, um eine Galerie oder ein Museum zu besuchen, so fiel mein Fortgehen nicht auf. Die Versammlung war von dreihundert Männern und von n e u n Frauen besucht, wie ich nachher aus dem Fachblatt erfuhr. Da in der betreffenden Branche die Frauenarbeit eine bedeutende Rolle zu spielen begann und die Männer das Angebot der billigeren weiblichen Arbeitskräfte schon spürten, so sollte in der Versammlung die Bedeutung der gewerkschaftlichen Organisation besprochen werden. Dazu war eine besondere Agitation unter den Arbeiterinnen entfaltet worden und obwohl Hunderte in einer einzigen Fabrik arbeiteten, waren im ganzen neun Frauen gekommen. Als der Einberufer das mitteilte und der Referent darauf Bezug nahm, fühlte ich große Scham über die Gleichgültigkeit meiner Geschlechtsgenossinnen. Ich nahm alle Ausführungen fast persönlich und fühlte mich davon getroffen. Der Redner schilderte das Wesen der Frauenarbeit und bezeichnete die Rückständigkeit, die Bedürfnislosigkeit und die Zufriedenheit der Arbeiterinnen als Verbrechen, die alle anderen Übel nach sich ziehen. Auch über die Frauenfrage im allgemeinen sprach er, und von ihm hörte ich zum erstenmal August B e b e l s Buch: „Die Frau und der Sozialismus" erwähnen.

Als der Referent geschlossen hatte, forderte der

Vorsitzende auf, die Anwesenden möchten sich zu der wichtigen Frage äußern. Ich hatte das Gefühl, daß ich reden müßte. Ich bildete mir ein, alle Augen seien auf mich gerichtet, man warte, was ich zur Verteidigung meines Geschlechtes zu sagen habe. Ich hob die Hand und bat um das Wort. Man rief schon „Bravo“ ehe ich noch den Mund aufgetan hatte, so wirkte der Umstand, daß eine Arbeiterin sprechen wollte. Als ich die Stufen zum Rednerpult hinaufging flimmerte es mir vor den Augen und ich spürte es würgend im Halse. Aber ich überwand diesen Zustand und hielt meine erste Rede. Ich sprach von den Leiden, von der Ausbeutung und von der geistigen Vernachlässigung der Arbeiterinnen. Auf letztere wies ich besonders hin, denn sie schien mir die Grundlage aller anderen rückständigen und für die Arbeiterinnen selbst schädigenden Eigenschaften zu sein. Ich sprach über alles das, was ich an mir selber erfahren und an meinen Kolleginnen beobachtet hatte. Aufklärung, Bildung und Wissen forderte ich für mein Geschlecht und die Männer bat ich, uns dazu zu verhelfen.

Der Jubel in der Versammlung war grenzenlos, man umringte mich und wollte wissen, wer ich sei; man hielt mich zuerst für eine Branchengenossin und forderte mich auf, so wie ich gesprochen habe, solle ich für das Fachblatt einen Artikel an die Arbeiterinnen schreiben. Das war nun freilich eine böse Sache. Ich hatte ja nur drei Jahre die Schule besucht, von Orthographie und Grammatik hatte ich keine Ahnung und meine Schrift war wie die eines Kindes, da ich ja nie

Gelegenheit gehabt hatte, sie zu üben. Doch versprach ich, mich zu bemühen, den Artikel zustande zu bringen.

Ich war wie in einem Taumel als ich nach Hause ging. Ein unnennbares Glücksgefühl beseelte mich, ich kam mir vor, als hätte ich die Welt erobert. Kein Schlaf kam in dieser Nacht in meine Augen. — Den Artikel für das Fachblatt schrieb ich; er war nicht groß und ungewandt im Ausdruck. Er lautete:

Zur Lage der in Fabriken beschäftigten Arbeiterinnen.

Arbeiterinnen! Habt Ihr schon einmal über Eure Lage nachgedacht? Leidet Ihr nicht alle unter der Brutalität und Ausbeutung Eurer sogenannten Herren? Viele Lohnsklavinnen arbeiten vom grauenden Morgen bis in die späte Nacht, während Tausende ihrer Mitschwestern arbeitslos die Tore der Fabriken und Werkstätten belagern, weil es ihnen nicht möglich ist, soviel Arbeit zu erhalten, um sich vor Hunger zu schützen und ihren Körper notdürftig zu bekleiden. Und wie weit reicht der Lohn selbst für so lange anhaltende Arbeit?

Ist es der unverheirateten Arbeiterin möglich, ein menschenwürdiges Dasein zu führen? Und erst die verehelichte Arbeiterin? Ist es ihr möglich, trotz anstrengender Arbeit für ihre Kinder in erforderlicher Weise zu sorgen? Muß sie nicht hungern und darben, um für diese das Notwendigste herbeizuschaffen? So ist die Lage der weiblichen Arbeiter und wenn wir da müßig zusehen, so wird sie sich nie zum Besseren wenden, im Gegenteil wir werden immer mehr getreten und ausgesogen.

Arbeiterinnen! Zeigt, daß ihr noch nicht gänzlich versumpft und geistig verkümmert seit. Rafft Euch auf, erkennt, daß sich männliche und weibliche Arbeiter zum gemeinsamen Bunde die Hände reichen müssen. Verschließt Euer Ohr nicht dem Rufe der an Euch ergeht. Tretet der Organisation bei, die auch die Frauen zum wirtschaftlichen und politischen Kampfe erziehen will.

Besucht Versammlungen, leset Arbeiterblätter, werdet ziel- und klassenbewußte Arbeiterinnen in den Reihen der sozialdemokratischen Arbeiterpartei."

Hier muß ich einen für mich freudigen Umstand erwähnen. Ich habe an einer Stelle erwähnt, daß mein ältester Bruder nach dem Tode unseres Vaters in die Fremde gegangen war. Wir hatten ihn viele Jahre nicht gesehen und waren auch später nur flüchtig zusammengetroffen. Mein Bruder war Sozialdemokrat geworden und war ein begeistertes Mitglied der Partei, schon lange bevor ich meine erste Rede gehalten hatte. Gerüchtweise hatten wir davon gehört, es war uns erzählt worden, daß er so seltsame Ansichten habe, er betrachte alle Menschen als seine Brüder, er sei Sozialist. Das war mir romantisch erschienen, dann hatte ich mich selber zu seiner Anschauung entwickelt. Unsere Mutter aber tadelte alles, was sie über seine Gesinnung hörte, ohne zu ahnen, daß unter ihren

Augen die Tochter' sich zu denselben Ideen entwickelte.

Bei einem Arbeiterfest, das ich besuchte, traf ich mit meinem Bruder zusammen und ich war hoch beglückt in einem meiner Familie einen Gleichgesinnten zu haben. Durch ihn lernte ich nun viele Personen kennen, die ich früher aus der Ferne schon hoch geschätzt hatte.

* * *

Eines Tages wurde ich in das Arbeitszimmer meines „Herrn" beschieden. Das ereignete sich das erstemal trotzdem ich nun schon sieben Jahre in diesem Betriebe arbeitete. Herzklopfen hatte ich wohl, als ich von den neugierigen Blicken meiner Kolleginnen gefolgt, dem Komptoir zuging. Der Fabrikant erwartete mich, mit dem Fachblatte in der Hand. Der Artikel war mit meinem Namen gezeichnet worden. Er redete mich mit „Fräulein" an, was er den anderen Arbeiterinnen gegenüber nicht tat und fragte mich, ob ich diese Zeitung kenne und ob ich den Arkikel geschrieben habe. Auf meine bejahende Antwort' sagte er ungefähr: „Ich kann Ihnen keine Vorschriften machen, wie Sie Ihre freie Zeit verwenden wollen, um das eine bitte ich Sie aber: In meiner Fabrik unterlassen Sie jede Agitation für diese Zwecke. Ebenso verbiete ich Ihnen jede Sammlung zur Unterstützung Ihrer Bestrebungen. Ich will Ruhe und Friede in meinem Hause erhalten." Zum Schlusse fügte er noch hinzu: „Eine Warnung will ich Ihnen noch auf den Weg geben; Sie sind jung und können nicht beurteilen was Sie tun, merken Sie sich aber, die Politik ist ein undankbares Geschäft."

Trotzdem es mein Vorsatz war, die Worte des Fabrikanten zu beherzigen und mich in der Fabrik reserviert zu verhalten, gelang es mir nicht. Es war schwerer als ich gedacht hatte. Denn manches war schlechter geworden; viele Begünstigungen hatte man abgeschafft. In anderen Fabriken arbeitete man unter dem Einfluß der Maifeier nur mehr 10 Stunden, wir aber noch immer 11. Das sollte eine Strafe dafür sein, daß wir gewagt hatten nun doch den 1. Mai zu feiern. Darin unterschied sich mein Arbeitgeber gar nicht von so vielen anderen Fabrikanten. Er fühlte sich als Herr und Brotgeber und die Arbeiter sollten alles seiner Großmut und Gnade zu danken haben. Weil wir einmal gewagt hatten aus eigener Initiative eine Handlung zu vollführen, die nicht seine Billigung fand, mußten wir bestraft werden. Erst als ich nicht mehr in der Fabrik war geruhte er gnädigst die Arbeitszeit um eine Stunde zu verkürzen, den Arbeitern und Arbeiterinnen mutete er aber zu, sich mit ihrer Unterschrift zu verpflichten, daß sie mit den sozialistischen Bestrebungen nichts mehr zu tun haben wollen.

Vieles sah ich jetzt mit anderen Augen an als früher. Es arbeiteten in der Fabrik eine Anzahl Mädchen die noch nicht das gesetzlich zulässige Alter erreicht hatten. War der Besuch des Fabrikinspektors zu erwarten — und merkwürdiger Weise wußte man immer wann dieser Besuch zu erwarten war —

so wurde diesen Kindern eingeschärft, zu sagen sie seien schon 14 Jahre alt, falls sie befragt würden. Früher hatte ich mir so wie die anderen gedacht: „Ein guter Herr, er nimmt Unannehmlichkeiten auf sich, weil er Mitleid mit den armen Leuten hat.“ Seit ich Engels: „Die Lage der arbeitenden Klassen in England“ gelesen hatte, urteilte ich anders darüber. Jetzt hatte ich andere Begriffe über die Kinderarbeit und da ich gelernt hatte meine eigene schreckliche Kindheit in den Werkstätten der Zwischenmeisterinnen und in den Fabriken objektiv zu betrachten, so kam ich zu anderen Schlüssen. Zudem sah ich, daß gerade jene Arbeiterinnen, die schon als Kinder in die Fabrik eingetreten waren, die konservativsten, die jeder Aufforderung zur Solidarität Unzugänglichsten waren. Sie betrachteten sich als einen Teil der Fabrik, ohne daß sie erkannten, wie wenig von dem auch durch sie geschaffenen Reichtum auf sie entfiel. Sie waren die Demütigsten, die Kriechendsten, die nur das Gefühl der Dankbarkeit für den guten Herren kannten, der ihnen auf Lebenszeit Brot gab. Meine und der mir gleichgesinnten Kolleginnen Bestrebungen sahen sie mit Haß und Abscheu an. — Was Wunder, daß ich jetzt am liebsten den Fabrikinspektor auf die Verwendung der dreizehnjährigen Kinder aufmerksam gemacht hätte! Und wie wurde gereinigt und geputzt, wenn der Beamte erwartet wurde. Ein förmlicher Reinlichkeitsfanatismus wurde entwickelt, während sonst Staub und Schmutz wochenlang ein üppiges Dasein führen konnten.

Meine kritischen Beobachtungen erstreckten sich auch auf andere Dinge. Wir gehörten jetzt einer Krankenkasse an und unser Vertreter im Vorstand war bisher immer vom Fabrikanten im Namen der Arbeiterschaft nominiert worden. Jetzt wußte ich, daß wir das Recht hatten, ihn zu wählen. Ich machte dieses Recht im Verein mit dem schon genannten Gesinnungsgenossen geltend. Es ereigneten sich große Streiks; tausende Familienväter mußten unterstützt werden, um sie und ihre Frauen und Kinder vor dem Hunger zu bewahren. Die Organisationen hatten noch keine Fonds, da forderte die Arbeiterpresse zu Sammlungen auf und auch ich hielt es für meine Pflicht meine Kollegen und Kolleginnen um Beiträge zu ersuchen. Bei den meisten hatte ich Erfolg. Der Fabrikherr erfuhr aber von den Sammlungen. Eines Tages sprach er mich wieder an. Er forderte mich auf, ihm etwas von mir Geschriebenes zu bringen, er wolle mich meinen Fähigkeiten entsprechender verwenden. Es wurde mir Angst und Bange, wenn ich an meine unorthographische und häßliche Schrift dachte. Über das, was ich schreiben wollte, machte ich mir weniger Sorgen. Ich las eben wieder Goethes Gedichte und schrieb eine Strophe aus „Prometheus ab, die mir außerordentlich gefiel. Es ist die Strophe:

„Da ich ein Kind war,
Nicht wußte wo aus noch ein
Kehrt ich mein verirrtes Auge
Zur Sonne, als wenn drüber wär'

Ein Ohr, zu hören meine Klage,
Ein Herz wie mein's
Sich des Bedrängten zu erbarmen."

* * *

Ich wurde angewiesen am nächsten Tag die Stelle einer erkrankten Komptoristin einzunehmen. Einige Jahre früher hätte ich mich darüber grenzenlos gefreut. Wie hätte ich gejubelt, nicht mehr Fabrikarbeiterin sein zu müssen. Alle Schwierigkeiten zu überwinden, wäre mir ganz leicht erschienen. Jetzt war ich empfindlicher geworden. Es bedrückte mich, eine Stelle zu bekleiden, zu der mir alle Vorkenntnisse fehlten. Ich verstand zwar das Kopfrechnen, aber dafür, wie man es mit dem Bleistift zu machen hat, fehlten mir alle Begriffe. Das bißchen Multiplizieren und Dividieren, das ich in der dritten Volksschulklasse erlernt hatte, war längst vergessen. Hätte ich aber Begeisterung für diesen Posten empfunden, so wäre mir um das Lernen nicht bange gewesen, aber die neue Stellung entfremdete mich von meinen Kolleginnen. Ich konnte keine Propaganda mehr machen. Seit meiner ersten Rede war ich aber viel durch Versammlungen in Anspruch genommen. An mehreren Abenden in der Woche und an jedem Sonntag waren Versammlungen, in denen ich reden mußte. Im Komptoir hatte ich aber abends um eine Stunde länger zu tun, es war dann zu spät, um noch in die Versammlungen zu gehen. Im allgemeinen war meine Arbeitszeit kürzer geworden, ich hatte morgens erst um acht Uhr zu kommen und hatte mittags zwei Stunden frei, so daß ich nach

Hause gehen konnte, auch bekam ich sofort um einen Gulden mehr bezahlt. Ich war jetzt „Fräulein“ und konnte mich schöner kleiden. Als ich sowohl am ersten, als auch am zweiten Sonntag in Versammlungen redete und die Zeitungen darüber berichteten, wurde ich zur Rede gestellt, wozu ich das noch tue. Ich sei ja keine Arbeiterin mehr, daher habe ich mich um diese Bestrebungen nicht mehr zu kümmern. Ich bat, mir wieder meinen Platz in der Fabrik anzuweisen und ich bat so lange, bis ich es durchsetzte.

Meine Stellung war aber gar nicht mehr angenehm. Die Polizei hatte begonnen, mir ihre Aufmerksamkeit zu schenken. Auch die Staatsanwälte begannen mir ihre Fürsorge angedeihen zu lassen. Meine erste Vorladung zum Untersuchungsrichter erhielt ich noch dazu in die Fabrik. Das war ein ganz furchtbares Aufsehen und der Werkführer geberdete sich wie toll. Mich selbst hatte dies erschreckt. Mein erster Gedanke war: Was wird meine Mutter sagen. — Die Zeitungen schrieben von mir, was meine Stellung nur immer unbehaglicher machte. Ich wollte eine Kündigung nicht abwarten und kündigte selbst, um mich nunmehr ganz meinen Bestrebungen zu widmen und für die Organisierung der Arbeiterinnen unablässig tätig zu sein. Ich bekam ein schönes Zeugnis, das mir Fleiß, Pflichttreue und außerordentliche Verwendbarkeit nachrühmte. Der Fabrikherr selber händigte es mir mit den Worten ein: „Ich wünsche Ihnen, daß Sie in Ihrem neuen Wirkungskreis ebensoviel Anerkennung finden mögen.“

* * *

Wie sich meine Mutter zu meinen Idealen und zu meiner Tätigkeit stellte will ich noch erzählen und dies ist noch eines der traurigsten Kapitel in meinen Erinnerungen. Die alte Frau, die auf eine Kette von Leiden und Entbehrungen zurückblickte, die unter schrecklichen Verhältnissen jedes zweite Jahr ein Kind geboren hatte, das sie dann sechzehn bis achtzehn Monate an ihren Brüsten nährte, um länger vor einem neuen Wochenbett bewahrt zu bleiben, diese Frau, die verkümmert und frühzeitig von harter Arbeit gebeugt war, konnte sich für ihre Tochter kein anderes Los vorstellen, als eine gute Ehe. Ihre Tochter gut zu verheiraten war ihr Sinnen und Trachten und gar viel mußte ich ausstehen, wenn ich mich gegen eine Ehe wehrte, die nur den Zweck gehabt hätte, mir mein Los zu erleichtern und mich von der Fabrik zu befreien. Heiraten und Kinder bekommen, sah sie als die Bestimmung des Weibes an. So sehr ihr anfangs die Lobreden, die sie über mich hörte, schmeichelten, eben so sehr änderte sich das, als sie einsah, daß ich mein ganzes Leben meinen Bestrebungen widmen wollte. Je mehr ich als Rednerin verwendet wurde, um so unwilliger wurde sie.

Obwohl sie nicht eigentlich religiös war, dazu hatte ihr das Leben zu hart mitgespielt, so hing sie doch sehr an dem Schein. Meine der Religion nun ganz abgewandte Anschauung erregte ihren Unwillen und sie sprach alles nach, was sie von unwissenden oder böswilligen Menschen über die Sozialdemokraten erzählen hörte. Sie kränkte und beleidigte mich unaufhörlich durch die bösen Reden über die Partei, der ich mich angeschlossen hatte. Wenn ich zur Polizei oder zum Untersuchungsrichter gehen mußte, so empfand sie dies als eine solche Schande, wie wenn ich ein gemeines Verbrechen begangen hätte. Da ich durch meine immer umfangreichere Tätigkeit auch öfter zu späterer Abendstunde nach Hause kam, was in ihren Augen ein anständiges Mädchen niemals durfte, so begann sie sich meiner zu schämen. Wenn ich müde und abgehetzt heimkehrte, erwartete sie mich um mir eine Szene zu machen und mir zu fluchen. Kam ich mit dem Gefühl der Befriedigung nach Hause, weil ich irgendwo nützlich gewirkt hatte, so wurde mir diese Freude verbittert durch den Hohn, den ich von meiner Mutter erntete. Ich lag oft stundenlang im Bett und weinte, weinte bittere Tränen, daß gerade mir das Schicksal so abhold war. Jetzt, wo ich eine Tätigkeit hatte, die mich begeisterte, die mir Glück und Frohsinn gab, mußte ich leiden, weil meine Mutter zu alt war, um noch mit mir fühlen zu können.

Nie kam mir aber auch nur der Gedanke, mich von ihr zu trennen. Wir hatten so viel Leid miteinander getragen, wie sollte sie nicht bei mir sein, da so viele dunkle Schatten von mir gewichen waren. Denn jetzt, wo mein Leben so viel Inhalt bekommen hatte, begann ich die trüben Gedanken an die Vergangenheit immer mehr zu verlieren. Ich fühlte mich gesund und stark genug, um auch die schwersten Mühen meiner selbstgewählten Tätigkeit zu ertragen. Nur die Feindseligkeit der Mutter lastete immer schwerer auf mir. Sie hemmte mich in meiner Entwicklung und wie an schweren Ketten hatte ich daran zu schleppen.

Da will ich eines Versuches dankbar gedenken, der gemacht wurde, meine Mutter umzustimmen und sie mit meiner Tätigkeit auszusöhnen.

Friedrich Engels bereiste den Kontinent und da lernte auch ich ihn kennen. Er war von gewinnender Freundlichkeit, so daß man gar nicht das Gefühl hatte, einem „ganz Großen" der Internationale gegenüber zu sein. Da damals noch wenige Frauen in der Partei arbeiteten, die Führer aber die Mitarbeit der Frauen für nützlich hielten, so interessierte sich auch Friedrich Engels für meine Entwicklung. Da er mit mir sprach, so erzählte ich ihm auch von dem, was mir am meisten am Herzen lag, von meiner Mutter. Er wollte mir helfen und mir meinen Lebensweg erleichtern. Mit August Bebel kam er zu mir in meine bescheidene Vorstadtwohnung. Sie wollten der alten Frau begreiflich machen, daß sie auf ihre Tochter eigentlich stolz sein sollte. Aber meine Mutter, die nicht lesen und schreiben konnte und die von Politik nie etwas vernommen hatte, zeigte für die guten Absichten der beiden Führer kein Verständnis. Beide waren zwar in ganz Europa berühmt, ihre schriftstellerische und rednerische revolutionierende Tätigkeit hatte die Autoritäten der ganzen Welt in Bewegung gesetzt, an der alten armen Frau war sie aber spurlos vorübergegangen, sie kannte nicht einmal ihre Namen.

Als wir wieder allein waren, sagte sie geringschätzend: „So Alte bringst du daher." In ihren Augen handelte es sich bei jedem Manne, der kam, um einen Freier für mich, und da es ihr seligster Wunsch war, mich verheiratet zu sehen, so wurde jeder daraufhin betrachtet. Unsere beiden Besucher, von denen der eine ein Greis war, während der andere mein Vater hätte sein können, schienen ihr nicht die rechte Eignung zum Gatten ihrer jungen Tochter zu haben. —

Meine Mutter änderte sich nicht mehr, im Gegenteil, je älter sie wurde, um so feindlicher stellte sie sich mir entgegen, ich aber überwand auch das. Schließlich fand ich mich mit dem Gedanken ab, daß es ein vollkommenes Glück nicht gäbe und der Sozialismus hatte mir so viel gegeben, daß gegen diese Fülle von Befriedigung und Freude alles andere klein und nichtig erschien. Einer großen Sache aus Begeisterung dienen, gibt soviel innere Freude und verleiht dem Leben einen so hohen Wert, daß man viel ertragen kann, ohne mutlos zu werden. Das lernte ich an mir erkennen. Wie hatte mich der Sozialismus verwandelt! Und je mehr ich ihn verstand, je bewußter ich Sozialistin wurde, um so freier fühlte ich mich allen Anfeindungen gegenüber. Mein Glaube an den Sozialismus war felsenfest geworden und nie kam ich in Versuchung, auch nur für einen Augenblick wankend zu werden. Unerschütterlich wurde mein Vertrauen, daß der schöne Spruch Georg Herweghs, der so oft bei Arbeiterfesten die Wände schmückt, durch die sieghafte Kraft des proletarischen Befreiungskampfes verwirklicht werden wird. Er lautet:

„Was wir begehren von der Zukunft Fernen?
Daß Brot und Arbeit uns gerüstet stehn;
Daß unsere Kinder in der Schule lernen
Und unsere Greise nicht mehr betteln gehn."

Was mich bewogen hat, zu schreiben, wie ich Sozialistin geworden bin, war einzig der Wunsch, jenen zahlreichen Arbeiterinnen, die mit einem Herzen voll Sehnsucht nach Betätigung lechzen, aber immer wieder zurückschrecken, weil sie sich nicht die Fähigkeit zutrauen, etwas leisten zu können, Mut zu machen. Wer wahrhaft den Willen hat, mitzuhelfen, daß Herweghs Worte zur Wirklichkeit werden, darf vor keiner Schwierigkeit zurückweichen. Das Ziel ist so ungemein schön, es leuchtet so verheißend, daß nichts so schwer sein kann, um nicht doch die Kraft zu finden, es zu überwinden. Wenn es mir gelingen wird, in diesem Sinne mit meiner bescheidenen Arbeit zu wirken, dann habe ich mein Ziel erreicht.

47738358R00060

Printed in Poland
by Amazon Fulfillment
Poland Sp. z o.o., Wrocław